大展好書 好書大展

大展好書 好書大展

社會人智囊

43

笑容
人際智商

宮川澄子/著
陳蒼杰/譯

大展出版社有限公司

前言

——如果內心時常浮現笑容——由此想法而決心撰寫本書。

迄今七年半以前，我曾經歷一段非常艱辛的時期。很不幸罹患「顏面神經麻痺」的怪病，從此我的臉部不再有表情。在失去笑容之後，才深深體會笑容的重要性。

自古以來已言盡「笑容的重要」，絕非新奇的事物！但是，我很自信的說「笑容是最重要的」。想想看，如果我們是生活在沒有笑容的世界裡，則任何人都會有不寒而慄的絕望感。

同時，笑容是生活的「香料」。沒有香料，或許不會發生什麼大問題，不過會出現不滿。而且，過度的香料也會令人厭惡。因此，恰到好處的香料，才能發揮最大效用。

若說女性的笑容很溫柔，則男性的笑容是有力感。可說是一種「餘裕」。而且，笑容可說是我們在人類社會上生存的最大武器。

今日的社會，是呈現以下三種類型的社會，一、國際化社會，二、高齡化社會，三、資訊化社會。

在國際化社會裡必須的是，心的多樣化。在高齡化社會裡，是對他人的關懷和自己本身的目標。而在資訊化社會裡，更要確切正視自己本身，由自己掌握正確的資訊。

在以上三類型中共通的，是「豐富的心」。亦即，在心中擁有多少豐富的微笑。

對諮輔工作深感興趣，而成為諮輔師的我，從今日開始積極向前，努力幫助他人持續擁有『心中豐富的微笑』，而且身為「stroke planer（自我表現企畫者）」，為了在內心形成笑容，而正式開始行動。在世界上，可說是第一位自我表現（溝通）企畫者。

所謂「溝通」，是指我們在生活上，運用於和他人有關連的一切事物的方法。例如語言、行為舉止……為了生活的一切刺激，文內再作詳細闡述。

和人交往之中，有否善盡溝通？溫暖的溝通，和冷漠的溝通，會讓人生截然不同；而且在溝通之中，對自己、對他人最重要的就是「豐富的微笑」。

在生活中時常展顏微笑，不僅自己，連周圍的人也能輕鬆舒暢的生活，結果成為積極生活的原動力——我們應該深思此問題。

我已邁入所謂熟年之年。或許已過談論笑容的年齡，但是今後如何以美麗笑容生活、如何美麗老化，卻是我畢生的事業。

你知道嗎？只有人類才能表現「笑」。讓我們一起追求豐富的笑容！

自我表現企畫者

宮川澄子

目錄

第1章　如果可以時常展顏微笑

——誰都可以成為笑容美人——

(1) 失去笑容……一二
(2) 笑容爲誰存在……一六
(3) 以笑容掌握幸運……一九
(4) 留在內心的二種光景……二三
(5) 溶化冰心的笑容……二四

第2章　如何在心中呈現笑容

——首先了解自己——

(1) 自己珍惜什麼……二八
(2) 明確自己的價値觀……三一

(3) 在我們心中的三種心……四〇
★P心——父母心……四二
★A心——成人心……四五
★C心——孩子心……四七
(4) 自我評定……五六

第3章 笑容是最好的溝通
——你所演出的自己——

(1) 何謂溝通……六七
(2) 溝通的種類……六八
最偉大的親撫關係（史畢斯博士報告）……七〇
長壽的老年人……七二
惡作劇的孩子心……七五
得到就會很高興的一些語言……七九
(3) 何謂人生立場……八一

(4) 你的溝通足夠嗎……九一
(5) 笑容是最高的正面溝通……九六
(6) 高明的溝通給與法……一〇六

第4章　培養諮輔精神
——以對方立場思考的心——

(1) 何謂人……一一二
(2) 我所相信的人類觀……一一六
(3) 有關諮輔精神……一二〇
(4) 如何成爲好聽衆……一二九
(5) 卓越的領導者，也是優秀的諮輔師……一三五

第5章　成為辦公室美女的條件
——你的笑容成為企業形象——

(1) 你希望成爲怎樣的人……一四三
(2) 創造你的生命巧克力棒……一四七

(3) 同事間的溝通很重要……一五二
(4) 加一運動……一五五
(5) 電話同樣可傳達笑容……一五七
(6) 迎接客人時……一六四
(7) 什麼最重要……一七五
(8) 總論——何謂辦公室美女……一七六
後記……一八一

想一想，
因某時某人的某句話，
使心裡突然變得愉快，
勇氣也隨之湧現。

想出來了嗎？
因某時某人的某句話，
使你無理由的受傷，
甚至悄然流淚。

人是在溫馨的言語（溝通）和
冷漠的言語（溝通）之中
生活
採用哪一種？決定在你自己，
而且溝通是
由你身上發出，又回歸你身上

你知道嗎？
時常表現笑容的，
就是自己正確凝視著自己
對
最後面對的就是你自己。

S・MIYAKAWA

第1章

如果可以時常展顏微笑

——誰都可以成為笑容美人——

(1) 失去笑容

迄今七年半以前，曾經歷一段相當艱辛的經驗，就是笑容從我的顏面消失……。大概是三月上旬的事。當時飄著不合季節的春雪，當天和三位朋友聽完音樂會之後，又轉到咖啡店聊天（其實在往音樂廳的路上，因爲大雪把自己鍾愛的藍色雨傘壓壞了，所以心情不是很愉快）。在咖啡店內和二位朋友面對面坐著，突然覺得一股寒氣逼人。

「嗯？暖器似乎不太暖和？」

「不會啊……是否感冒？……」

「是嗎……」

看看自己身上，還裹著厚重的大衣。

翌日上午，受邀參加朋友的合唱團發表會，回途中吃了一客冰淇淋，可是感覺舌頭似乎有些麻痺。是否昨日食用熱食燙到舌頭？……。就像貓舌，我很怕熱食，所以也很容易燙傷舌頭……。第二日清晨刷牙、漱口時，水卻從嘴角汨汨而下。曾在牙科接受麻醉者一定知道，口水會不由自主沿著嘴角流出。

「爲什麼……是否健康有問題……最近太忙了……」

儘量往好方面設想，但想起昨日外食時感覺不出什麼味道。第二天和朋友相約打網球，正想出門時卻感覺右眼疼痛，眼淚甚至沿著眼角淌出。此時正值杉花粉過敏症的流行期，或許罹患這種過敏症。心裡有些疙瘩，於是詢問考完期末考在家的么兒。

「看看媽媽的臉，是否怪怪的？」

「嗯，左眼會眨，可是右眼一直張開著。」

「還是不去打球，如果被球打到眼睛就糟了……」

取消網球的約定，而轉往醫院就診。

「啊，這是『貝爾麻痺』。所謂貝爾，是發現者的姓名，是指顏面神經麻痺。須進行長期治療……要很有耐性的疾病，多數人會有後遺症，所以必須先有覺悟心……」

自己感覺有些怪異後的第四日。我的右顏面神經完全麻痺，一動也不動。宛如戴著面具。左方是正常活動，所以說話或微笑時，這一側的肌肉就像抽筋般抽動，目睹鏡中的自己，不禁毛骨悚然。一半像鉛塊，文風不動，冰冷而且沈重。而另一半似乎是嘲笑另一邊的表情。僵硬的右邊毫無笑意，嘴巴也張不開，臉上沒有任何表情，更察覺不出瞬間的感受。那時起，我的笑容消失了。我非常喜愛自己的笑容。無論和誰見面，都能輕鬆自在展現笑容，自己也顯得很快樂。自幼給人的形象，就是笑容滿面的快樂人，但是現在……我……。

在此，略述顏面神經麻痺。

「顏面神經麻痺的起因，可分爲腦出血、腦軟化、腦腫瘤等中樞性方面，以及末梢神經障礙等二種。中樞性的情形，是和腦部的疾病症狀同時出現，顏面下半產生麻痺；末梢性的情形，是顏面神經麻痺單獨出現，最常發生的是末梢神經麻痺。末梢性的原因，以寒冷或風溼性爲最多，搭乘列車等面向窗際的臉部冷卻，或感冒、扁桃炎所引起的淋巴管炎、神經親和性病毒等因感染所引起的。聽說因外傷、中耳炎、內耳炎等也會造成。症狀方面，大多數只發生於一側，多數是從顏面的異常感覺或顏面扭曲察知，額頭無法形成皺紋，眼睛張不大，也很難閉上。麻痺側的口和舌麻痺，漱口時，水會流出而無法順利漱口。麻痺側的口角向下，無法噘嘴吹口哨。展顏微笑時，可清楚看出麻痺側」（小學館「萬有百科事典」）。

或許，無法再展現笑容!?

強烈的不安和絕望不斷湧上心頭。上午，是在大學附屬醫院接受神經科等各種治療；下午，是在熟識的醫師診療室接受按摩治療，開始爲即將死亡的顏面神經進行活性化治療。醫院的護士待人親切，對我更是照顧有加。她說，上班時間內的治療有限，可以在時間外再來，而且不斷鼓勵我「絕對可以治癒」。不知何時才能痊癒，心情非常沈重，日子過得既痛苦又難熬。雖然不是很疼痛，不過仍有沈重感，頭皮似乎有些疼痛，右手也有痲痺感，於是拜託醫師照攝腦部X光片。——該疾病的原因，是發生於直接面對冷風的瞬間，冷氣機或電風扇的風直接吹時也會發生，年齡是幼兒至老年，無論男女，整年中都有可能發生。而且治療費時，若未妥善治療，必然會有後遺症的棘手疾病——。

某朋友建議我實施形象療法。她說：

「在眼前描繪白色螢幕，將自己最美妙的笑容顯現在螢幕上。一日數回，相信恢復健康是指日可待。」

我相信該療法，因此努力反覆練習。爲了恢復昔日的笑容……，在螢幕上展現自己最喜愛的笑容。

似乎是我努力接受治療的結果，使醫師對我恢復之快深表驚奇。判定須費時二年，然而短短五個月即告痊癒……不曾有過如此令人興奮的事。再度見到「我的笑容」，當笑容消失時，才深切了解笑容的重要。而且，衷心感謝上天能夠讓自己再度微笑。

(2) 笑容爲誰存在

曾聞，法國父母在教育子女時，無不強調「保持笑容」、「笑容不是爲自己，而是爲了讓周圍人們有溫暖、和煦感，笑容可說是爲他人而存在的」。

「你的笑容是爲了周圍的人們嗎？」我認爲確實如此，何故？各位想想自己在一日中，有多少時間在認識自己的面孔呢？

亦即，注視鏡子的時間。——清晨起床洗臉時、化粧時、刮鬍子時、出門時……在公司如廁時等等，次數或許不少，可是合計頂多二、三十分鐘。一日二十四小時中，合計睡眠時間（平均八小時）和凝視鏡子的時間，其餘的時間是誰在看你的面孔……？就是周圍的人。

法國人在教育上所強調的：「你的笑容不是爲自己，而是爲了豐富周圍的人而存在」。

一日中，你大約凝視自己多少時間？

的確，笑容可以溫暖、豐富人心。在情緒低沈時，自己很難佯裝笑容，不過碰到笑容可掬的人，可使自己感覺很溫暖、安心。尤其是嬰兒無邪的笑容，可說是世界上最美妙的表情。

我相信，世間的一切無一可以勝過笑容。

比高價的寶石更可貴嗎？

一位配戴高價的鑽石或紅寶石，但沒有笑容的人，在笑容璀璨者之前會使鑽石的光芒頓失。

笑容是比稱讚之言更珍貴。世上無數的褒獎之辭，在笑容之前也只成爲阿諛奉承之詞。不過，由衷的笑容是最佳的讚美詞。

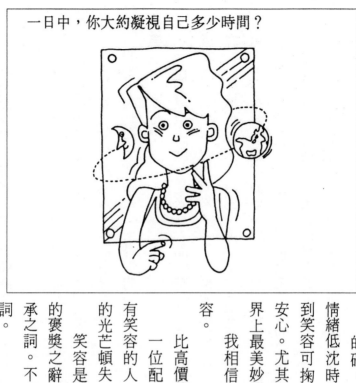

的確如此。不需要語言。由衷顯露令人欣慰的眼神，勝過一切用語言表現的讚美詞。

最後展現的是笑容！切勿以爲笑容是顏面肌肉鬆弛的狀態，觀念若是如此，就要對自己貧乏的心感到慚愧、可恥。所謂笑容，不是身體的狀態，而是心的狀態。

而且，笑容不是爲他人，是爲自己本身。

聞人卡內基在「推動人」一書中的「受人喜愛六原則」章節中提到，『切勿忘記笑容』。又說：

「他的傑出成就，是來自人品、魅力，受人喜愛的能力。他的魅惑性微笑，是成就其人品最了不起的要素」。……標題是「男性的笑容」。就東方人而言，認爲笑容對女性很重要，同時認爲笑容是女性專有。男性絕對不能無意義展現笑容，而且男人不宜將感情顯露於外。但是，今日我要大聲疾呼：

「男性不可忘記笑容」。笑容是表示心的豐富、餘裕。

而且在社會生活上，笑容是最大的武器。以往的武器，或許是高壓的態度、教訓性的姿態；但是，笑容絕對會成爲今後的武器。在此機會下，男性務必深思笑容魅力的重要性。

(3) 以笑容掌握幸運

在我的人生中，曾因「笑容」獲得二大利益。一是迄今三十年前的事，在我就讀短大英文科二年級的秋季，被迫必須思考畢業後的出路問題，若不謀職就業，則須前往父方親戚家學習新娘的修養、家事。某日，等待和老師個別討論畢業後的出路時，仍然猶豫不決，不過從小喜歡說話的我，倒是希望成爲播音員……。在聽到前一位同學說：「希望成爲空中小姐……」時，突然想起在短大一年級的五月，在羽田機場歡送到美國留學的高中朋友，當時也決定要排除萬難到美國。這時，又聽到老師對前一位同學說：「是嗎？妳的英語很強，大概可以順利考取。」

面談輪到我。我很惶恐地說：

「我也希望成爲空中小姐，可是……」

老師凝視著我說：

「是嗎？妳的身體很健康，應該沒問題。」

無論理由是什麼，老師一概都說ＯＫ……，心情頓然開朗，也計畫參加日本航空公司的空中小姐考試。

初試是一般教養和面談，接著是英文會話，最後是由社長親自面試。事前，我很用心準備各種問題和回答，例如為何選擇這家公司、將來的理想、對公司的希望……。可是，社長完全不涉及這一類問題。首先問到：

「就妳所知，東京都內有什麼飯店？」

（啊，怎麼是這種問題……）

「第一飯店、赤坂王子飯店……麻布王子飯店、帝國飯店……」

很勉強的回答。

「嗯，知道的不少，不過妳所提到的飯店是按照什麼順序排列？」

「是按照我去過的順序，例如舞會（當時舞會十分盛行）、約會……」

不經深思的回答，使面試官樂得大笑，而自己卻羞得面紅耳赤。社長又繼續質問：

「如果機上客人對妳說『喂，小姐』，妳會如何對應？」

「啊？」

瞬間不知如何回答。

此時，突然憶起母親之言。——妳啊，從小看到人就笑，所以大家都說妳很可愛，也特別疼愛妳。可能是心情時常很開朗，而且笑起來眞的很可愛——。

「是的。或許我會哂然一笑。」

「哦，『哂然一笑』……」

我不知社長當時的語意，更不知自己是如何考中，最後以二十六期生，於四月入社。在入社後的職前訓練中所教導的是，隨時隨地展顏微笑，千萬不可讓客人有不安感。說話時也要微笑！於是……才明白自己考中的理由。我的笑容，不需任何努力，也不會有勉爲其難感。在國際線上服務的某日，當客機正在太平洋上飛行，K座艙長凝視我的臉孔說：

「最近，社長的興趣變了，以前特別欣賞臉孔姣好的美女……」

「啊？什麼意思……」

「不過，橄欖（當時我的綽號。大力水手的情人——）的笑容很可愛。」座艙長又加一句……。

「對，最近笑容美人已是美女的典型。」我也不服輸的回答。由此使我更確信，是因自己的「笑容」獲得空中小姐的工作。自負自己改變社長興趣的同時，衷心感謝以「妳的笑容很可愛」鼓勵、培養女兒自信的母親。

另一項利益，是以哂然一笑博得丈夫的青睞。不過，我認爲還有第三次機會的賜惠。就是罹患怪病後，才知笑容的重要，進而希望更多人了解笑容的重要，也因此成爲著作本書的契機。

(4) 留在內心的二種光景

回想自己如此執著於笑容，是起因於首次走向日本以外的國家，在世界遊走的三十年前，當時有二種光景牢牢扣住我的心。其一是『不知笑容的香港孩子』。在今日，香港的水上餐廳是衆所周知的一大特色。赴香港旅行時，一定不忘上水上餐廳大啖一番。昔日，第一次以空中小姐到香港時，前輩也在水上餐廳宴請我們。由於餐廳是浮在海上，因此以小船接泊，在小船邊圍著一群五、六歲的小孩，見觀光客把硬幣抛入海中，便立即潛入水中取出。將硬幣從水中取出，是他們的工作。所得不是作爲零用錢，而是生活費……。和抛入海中的硬幣同速度潛入水中，以賺取生活費的孩子，臉上沒有半絲的笑容。和觀光客歡樂的鼓躁聲成強烈對比。

另一種光景是，德國漢堡的『飾窗女』。漢堡是個港都。飾窗女是以船員爲對象的娼婦，在夜晚街角的飾窗裡，宛如木偶般裝飾著。打扮美艷，然而卻是沒有笑

被教導笑容之重要性的青春時代

容的世界。

上述的二種光景，始終烙印在我的腦海裡。再者，罹患顏面神經痲痺以來，也一直拘泥於笑容。因以上緣由，想讓各位了解笑容的重要性。

(5) 溶化冰心的笑容

笑容，恁誰皆可輕易展現，不必花錢，也沒有什麼困難。事實上，誰都瞭解笑容最了不起，但若不努力，則無法持續展現笑容。進而可能會忘記笑容。

因某朋友的親身經歷，讓我更痛切瞭解笑容的重要。

久違的朋友造訪我的事務所，聊起自己寶貴的體驗。她是身材高眺的美女，讓我羨慕不已！

『宮川小姐！笑容眞的很重要……。

其實，不久前我和我先生的關係不是很和睦——對話也不順利……先生對我所要求的事，例如我說再加煤油，卻充耳不聞，返身出門。當我說「早安」，也不回應……不久後，連三餐都端到別的房間吃……。這使我痛苦萬分，不知如何是好，於是決定在某日下午請教一位和尚。這位和尚默默聆聽我的敘述後只說一句，「妳沒有笑容」。

「笑容」真的這麼重要嗎？此後我也慢慢努力，當先生回家時，便笑容可掬的說「你回來了」。最初先生是完全不看在眼裡……或許先生也是不善於微笑，而始終繃著臉……一段時間過後，先生居然回應「我回來了」——興奮之情，使我更努力微笑，最後甚至和先生一起進餐……。雖未完全恢復以前狀態，不過對話逐漸增加……和尚所說的「笑容」真的很重要……。之後又想起宮川小姐常說的笑容、笑容！……』

然後，便帶著爽朗的笑容回家。

在我內心，不禁湧上一陣躁熱。她是如何度過那些痛苦的日子呢？在絕望感不斷衝擊之下，每日的生活既冰冷又沈重。請教和尚，獲得一句箴言後，努力實行，終於溶化先生冰冷的心。蘊含各種意義的笑容，確實拉近夫妻倆的關係。

我也獲得教訓，反省自我。自己極力強調笑容，但是否隨時展顏微笑呢？

笑容是心的狀態，如何使心更豐富，有餘裕，讓我們一起思考吧！

以下介紹可立即實行的「笑容訓練法」。

早晨起床，先對鏡子哂然一笑。讓自己擁有以笑容度過今日一日，保持笑容可掬的形象。

夜晚，一日即將落幕時，再次面對鏡子微笑。今日一日有幾次對人展顏微笑？有否沒有微笑？……。反省當日自己的行爲，在笑容中入眠。

如此訓練之下，或許會完成你所想像的笑容。

若是完成，則實行微笑一、二、三，面對鏡子：

一、凝視自己雙眸

二、面頰上提（口向左右展開）

三、發聲。

「早安」

「謝謝」

「再見」……。

雖然是形態著手，不過生活一定比沒有笑容的日子更快樂、璀璨。

在鏡前形成笑容後，便轉向家人、朋友、公司同事……逐漸擴大……最後，無論面對任何人都被讚賞爲笑容美人。

第2章 如何在心中呈現笑容

——首先了解自己——

欲隨時展現笑容，首先需了解自己。

亦即，自己是「怎樣的人？」認爲什麼事最重要、對什麼事感動、會發現什麼問題點。每日每日生活中都會遇到各種不同事物，我們是在不是很淸楚每一件事物之中生活。當自己察覺時，或許已是一種定型的模式或觀念，而自己則依當時狀況會有完全不同的反應。同時，有時會因選擇的答案或做法而苦惱……。我們眞的了解自己嗎？在此，就自己的價値觀進行思考。

(1)　自己珍惜什麼

我將觀賞爲期一周的早慶戰（早稻田、慶應大學棒球賽），當作自己生活諮詢的一個路標。

大槪是一九六〇年秋，我是短大一年級學生。成爲當年東京六大學棒球秋季年賽爭奪冠亞軍學校的早慶戰，始終難分軒輊，盛況空前。自己並非慶應大學學生，但不知何因，卻可以在棒球場觀戰。而且，是在內野的學生席。即使是慶應的學生，都不可能有機會在學生席支援傳統的早慶戰。一位認識我的慶大生也是不得其門而入，他很羨慕地問我：

「宮川小姐，用什麼辦法才能進入學生席？」

其實，我有一位男友在慶應大學的新聞部，利用這一層關係喬裝爲團員，戴著臂章，僞裝採訪模樣，和他們一起自由出入，亦即，「報導機構人士」的身份。這種做法，不知今日能否適用。這是近三十年前的事。

由於整星期都在棒球場，所以學校方面當然是翹課。

我所就讀的是女子學校，英文科只有一班，大家都很淸楚誰缺席，同學們都知道我是翹課觀賞早慶戰。某日，英文課的加拿大傳教師沙荻老師發現我已二、三日未到校上課，而問同學：

「佐藤小姐（舊姓）爲什麼沒來上課？」大家緘默不語，不得已之下一位同學才說：

「去支援早慶戰……」。翌日上午到校時，朋友就拉著我說：

「小心被沙荻老師責備！我們是不得已才說出妳去觀賞早慶戰……。」

早已拜託同學千萬不可說……。由於錯在自己，所以不敢生氣，只是做好心理準備。很不幸，第一堂就是英語。

下課時，被老師叫到面前。

「早慶戰很刺激有趣吧？」

「嗯，非常有趣。」

「很好！」

「是的……，啊……」

「快樂就好，不過英語方面也要多下功夫。」

「是的！」

完全不被責備！

我是畢業於T女學院的中學部、高中部，再考入短大的英文科。T女學院是一所教會學校，具有自由的校風。平時就教育我們，雖是女性，但要有自己的意見，且能正確發言。珍惜自己的個性。和沙荻老師對話中，產生這種感想——。

翹課確實是不當行爲，不過充分享受早慶戰之樂，應該沒有浪擲時間，這和無所事事的翹課不同……。而且持續一週的早慶戰，是罕見的盛況。機會只此一次，現在你是選擇哪一項——。

或許這是自圓其說的解釋。不過，確實更加深我的印象是，對於翹課一週的學生，也有「不處罰」的處置方法。由此可知，答案不是只有一個。

我也從中學到，「對你而言，現在珍惜的是什麼、選擇的基準是什麼？對自己的選擇，自己負責任……」。事實上當時感到最幸運的，莫過於沒有被責備的心。這件事也一直蘊藏在我心底。心要保有多樣性……此事變成潛在意識，也成爲自己矚目生活諮詢的第一步。

——對。當時正值社會認同女性上大學的初期，遑論認同上班族的女性。女性應該處在古老保守觀念、事事受壓制的時代嗎？——。

(2) 明確自己的價值觀

那麼，你是否重新思考自己珍惜的是什麼？自我檢查中最簡單又最明確的部分，可能就是「價值觀」。

可是，我想或許各位已察覺，其實在平時生活中我們並不會隨意說到價值觀，亦即，我們在無意識中擁有某種想法，且依此行動。當我們完成一件事後，重新思考「爲何這樣做？」即可察知，基本上我們在行事時都有一種基準，而依此獲得答案，進而下決斷。偶爾發生大問題或迷惑時，就會突然察覺自己的一些做法是否得當，不過平時是不會刻意去思考。這種基本的一種基準，可以用「價值觀」一詞思考。

「我和某人的價値觀不同。」

「價値觀相同，所以很契合。」

「某人的價値觀是否很怪異？」

非常了解和自己不同之處，也了解不同的人。同時，有時認爲價値觀相同，但深談後卻察覺截然有異，即使相似，也沒有完全相同。

因某些相似，而錯覺爲其他也是相同，結果可能產生誤解，成爲糾紛的原因。

以下敘述一則故事。故事是由菲律賓的俗語改編而成，文章是取自「行動科學實踐研究會」爲訓練而發行的「創造O・D」。文章很短，請務必閱讀。

「年輕女性和水手」

遭遇狂風暴雨的一艘船沈沒了。那艘船上有五人很幸運搭上兩艘救生艇。一艘救生艇上，有水手、年輕女性和老人等三人；另一艘救生艇上，是年輕女性的未婚夫及其親友二人。兩艘救生艇在惡劣天候之下，被洶湧的波浪沖往不同的方向。

她所搭乘的一艘是漂到某島嶼。和未婚夫分離的她，鎭日搜尋另一艘救生艇的蹤影，希望能找到未婚夫生存的線索，可是毫無所獲。翌日天氣恢復晴朗，年輕女性仍然不死心，繼續尋找未婚夫，但是依舊徒勞無功。

她是一心希望找到未婚夫，於是懇求水手：「拜託修理救生艇，然後帶我到那個島」。水手答應幫忙，不過有一個條件，就是和他共枕一夜。

失望、困惑的她，請教老人：「我很困惑，不知如何是好。請問你有什麼好方法。」老人只說：「對妳而言，什麼是對的，什麼是錯的，我是不能插嘴。問問妳的心，遵從心的決定。」煩惱痛苦的她，最後答應水手的條件。

翌晨，水手修理好救生艇後，就帶著她前往那個島，在遠方就看到未婚夫的她，在船靠岸後即刻從救生艇跳下，興奮地奔向未婚夫，倆人熱情地擁抱著。倚偎在未婚夫溫暖懷裡的她，爲了是否要向未婚夫表白昨夜之事而苦惱不已，最後決定向他表明。聞言的未婚夫怒不可遏，絕情的說：「不願再看到妳！」然後掉頭就走。傷心欲絕的她，孤伶伶的走向海邊。

未婚夫的親友看到傷心的她，便走向她，拍著她的肩膀說：「我知道你們的爭執。我會和他談談，不過在此之前，讓我暫時照顧妳。」

在此登場的五位人物。

一、年輕女性

二、水手

三、老人

四、未婚夫

五、未婚夫的親友

其中，你對哪一位最好感？依據好感程度高的順序思考。然後，自問爲什麼。該場合中，不是清楚出現感情、觀念、價值觀、人際觀等等嗎？應該覺得很困惱、迷惑。或許有人認爲有相同順位者，或無法判明順位者，不過這只是遊戲，不必想得太嚴重。

參加對談的人在重新檢討之後，或許會察覺出許多各種不同的事實。亦即，以不同方式把握登場人物的行動，則順位會產生差異。例如，以「水手」進行思考。或許有人認爲水手是利用年輕女性的弱點……。卑劣的傢伙不可原諒！或許會有這種看法……。亦即，水手說：「可以幫忙修理救生艇，不過有條件。」這是交換條件。接受與否，亦即訂契約，決定權在於女性……如此思考，或許順位就會改變。對年輕女性而言，一種看法是，即使出賣肉體也要尋找未婚夫，希望和未婚夫重逢的想法非常了不起。但另一種想法是，如果她可以前往那座島嶼，則未婚夫應該也可以尋找她，她的行動或許有些輕率？……。

老人的回答很正確。能夠提出答案的是妳，這是妳自己的問題……。其做法正確，但是有人要求給予建議時，這種答覆或許讓人感覺很冷漠。對未婚夫也是同樣。一種看法是，不能體諒未婚妻掛念之心，是心胸狹窄的男人，但另一種看法是，或許是自己最珍惜的人，所以無法原諒未婚妻的心情是可以理解。至於親友說「我會照顧妳……」，所謂「照顧」，因解釋上的不同而可能有最高至最低的變化。如此般，對某人的某事做怎樣的解釋，則可決定解釋者的看法、價值觀。重視哪一部分，即爲其人的特徵。由以上故事，或許會連想起別的問題。亦即，我們在每日生活中所處的立場。

水手——接受他人商量時，是否提出條件？

年輕女性——發生問題時的解決方法

老人——和人商量時的態度

未婚夫——如何對應自己珍愛者做出出乎自己意料之外的行爲

親友——以第三者觀察他人問題時

怎樣?是否更看清自己?深思熟慮者、思考敏捷者，這也是自我檢查的重點……。和朋友討論看看。甚至在夫妻之間、親子之間、公司同事之間討論看看，或許都會很有趣。從中或許可窺出以往不了解的自己或他人。認爲很了解對方，但對方可能會說出自己料不到的其他答案。在互相討論當中，或許會讓自己了解另一面，而且可以察知可能沒有一人擁有相同順位的安排。進而可以了解在討論、商量後決定順位時，其實需花費更多時間。

但事實上，我在現實社會裡採取一項行動時，會把衆人不同的想法暫且合一加以實行。五位朋友一起旅行時，家庭五人渡假時……。可以合在一起的部分就合在一起，這是有壓制自己的部分……。

我們像這樣做出一項項的決定，然後在多數人中生活著。

另一項是現在就明確決定你的價值觀。請你決定等級。（參照左頁）

終於把自己明顯浮現出來。明確察知自己和周圍的人有不同的價值觀。一〇〇

我的價值觀

下列事項中，你認爲最有價值的是什麼？依據自己認爲最重的順序填入號碼，並且說明理由。

	順　位	理　　由
正義		
財產		
工作		
愛情		
奉獻		
安定		
遊樂		
健康		
名譽		
實現理想		

人，就有一〇〇種價值觀。而且，人人都認爲自己的價值觀最好。因此才會發生意見不合、意見衝突的情形。

其實在腦裡也很淸楚，可是仍然希望把自己的想法壓制給他人。自己的主張是很重要，但是能接受他人多少價值觀？能夠和人和睦相處嗎？接受、和遵從對方是有差異。常聞「凡事皆聽從別人之言，則會一事無成……」，果眞如此嗎？不只是二選一的答案。若能互相接受，則有二者並立的答案。因此，必須問自己能否接受他人的價值觀。尤其站在強勢立場者可以接受多少弱勢立場者的價值觀，才是問題。亦即處在容易壓制人立場者，例如父母和子女、上司和部屬、老師和學生的關係。上方立場者有否用心傾聽下方立場者的想法呢？

另一個是夫與妻的關係。有否用心傾聽對方心聲的心態呢？

在此閱讀的「年輕女性和水手」的故事，或許有人會覺得在稍微離開現實社會之處，同樣會有排列價值觀順位的話題。以下列舉一實例作爲思考。你的想法如何？做法又是如何？

其實是發生在我家的事。大兒子小學四年級、二兒子小學一年級時的六月，恰好是暑假前還在上學的時間，我讓二人請假，全家前往夏威夷旅遊八日。先生、我、二個兒子和家母共計五人的旅行。或許有人認爲除非特別理由，否則爲了旅行向學校請假……。爲何不利用暑假或寒假……。其實在我家的場合裡，搭飛機是要等待空位（不過，有免費搭機的特點），而暑假旅客太多，根本沒有多餘的空位。因此，決定在比較有空位的暑假前的六月，爲了把握不容易獲得的旅行機會，於是排除「不向學校請假」的想法。

在大兒子國中二年級、二兒子國小五年級的冬天，全家又到斐濟旅遊十日。向學校請假是不值得鼓勵，不過我想不在學校同樣可以學習。幸好有廉價即可參觀社會科（？）的環境。我想，如果喪失這種機會，豈非一大損失？因此決定旅行，各位的想法如何？

在外國旅行，才能親身接觸該國文化，我相信孩子也能感受語言所無法表達的某種感覺。對我們而言，採取這種行動是比較自然。

思考在某時期什麼是最重要，然後下決斷採取行動。誠如上述，今後的社會是國際化社會，勢必湧入各種不同的想法。如何對應種種迷惑？其實想法不是只有一種。若不培養擁有多樣性的想法，可能會因不知如何是好而感覺很痛苦。事實上，向學校請假並非不當行爲。不是只有所謂「學校是不可請假」的固有觀念，也有其他的想法。或許有人會固執的說：「學校是不可請假」……。

殊不知，唯有自由思考事物，世界才會更廣闊，自己也會更快樂、輕鬆。而且，因價值觀者、同質者相聚一起，只能成為3＋3＝6。但是，價值觀不同者、異質者互相接受對方，則可成為3×3＝9，人和人的關係也因此更加擴大。在此之下，身為人的自己也會成長，人際關係也逐漸擴大。

誠如上述，是否有助於明確你的價值觀呢？

回想「擁有各種不同想法、採取什麼行動」時，是否察覺出自己的習慣和傾向？

(3)　在我們心中的三種心

我們是在清早起床至夜晚就寢之前，每日依狀況採取各種行動。同樣是起床、做事，卻略有不同。昨日是很開朗向別人說「早安」，今日卻開不出口。同樣是早餐的荷包蛋，昨日是說「好吃！」今日卻不發一語。

我們在每日生活中所進行的所有行動或想法，是在自己有意識或無意識之中，依據自己心中的選擇方法選出某想法後行動。

其實我們的心，自己的心是可分爲三種。依當場情形，巧妙運用這三種自己。亦即，誰都擁有「三種面孔」。以P、A、C稱呼三種面孔。

例如，某日「擁有三種面孔的我」。

一、工作的我

「是否備齊今日要開始運作的企畫委員會資料？已經一點半，應該在半小時前提出決定事項。」

二、遊樂時的我

「久違了……。這家餐廳口味極佳，快進去吃！……工作一整天了，已經饑腸轆轆……」

三、接觸孩子的我

「如果早點起床，就可以吃完早餐再上學！不吃早餐對身體不好！」

以上三種是同樣身爲人的「我」，所思考、感受之事，是起自下列不同的心態（自我狀態）。

P心（自我狀態）——PARENT・父母心

A心（自我狀態）——ADALT．成人心

C心（自我狀態）——CHILD．孩子心

詳細敘述如下：

★P心——父母心

這種自我狀態，是在自己成長中，充滿得自自己父母教導事物之處。自幼，父親、母親或長輩就時常教導自己事物，在不知不覺中累積這些經驗之處。回想幼小時期被教導的事物。

「早上起床，先洗臉、刷牙。」

「口中有食物時，不可說話！」

「女孩子要文靜一點！」

「別人爲你做某些事時，要說謝謝！」

「遇到困難就說出來，媽媽會幫助你。」

「了不起，做得眞好。」

「痛不痛？眞可憐。」

如同將得自父母的許多訊息錄在錄音帶上，必要時再選擇某一項重播。例三即由此產生。

這種P心，包含命令和定義。其實其人的價值觀也是由此產生。原來是從自己成長環境裡的父母、長輩所教導出來。

以爲是根據自己想法在說話，可是卻突然感覺「似乎在哪裡聽過這種說法」……。其實是幼小時母親教導的事，而今自己再反覆。觀看幼兒玩家家酒，即可明白。在家家酒遊戲中，必有父親、母親的角色。

「爸爸！飯好了。孩子們，飯前要洗手。」

「好！」

「今天想喝啤酒。」

「不能喝太多。」

「沒問題……」

「邊看電視邊吃飯，對身體不好。」

亦即，以父母的價值觀指導我們一切行爲上什麼是好的，什麼是不好的。

P有CP（Critical Parent＝批判性的父母）和NP（Nurturing Parent＝保護性的父母）。CP是十分嚴厲的，因此，當孩子未在規定時間返家時，就會出現下列情形。

「為何不守規定？」的批判部分。反之，當孩子晚歸時，就出現「平安回來了，肚子餓了嗎？」的保護部分為NP。

以下舉例以思考其行動狀態：

一、希望安慰哭泣的孩子。
二、以這是「我們家」的傳統，強制不願做的孩子。
三、希望採取權威性的行動。
四、不幫助人，就感覺無法心安。
五、指責「你一向如此」。
六、絕不寬容無條理的做法！

其實，我在二十四歲之前受到這種P部分的影響不小，結婚後也沒有自己A的部分（後述），和先生意見不合時，便請教父母的意見，認爲父母一定幫我想出辦法。某日，先生對我說：

「妳永遠都是佐藤澄子」。這是指某部分尚未成爲大人。一般而言，確立自我是在二十五、六歲左右，我可能稍慢一點。在二十多歲的後半，終於能以A的心態思考事物。

★A心——成人心

這是客觀觀察事物、充分應用自己擁有的資料解決問題的心。

是在嬰兒開始扶著東西站立的十個月左右逐漸形成這種心態，但是比這更幼小時是無法形成。不過，並非完全沒有。孩子（幼兒）有孩子（幼兒）自己思考出的答案，只是經驗少、資料不足而已。所以在十二歲左右可形成，配合年齡時時提出答案。

在解決問題上，這部分很重要。不易解決問題時，多數是沒有使用這部分造成的。

在某禮拜的說教時間上，牧師聽到一首短歌，備受感動而難忘，這是位於北海道某教護院一位少年的作品。

『十四歲以前　被灌輸父親無能　才了解母親愚昧。』

可能母親時常對兒子說，父親很愚蠢、無能。在此環境成長的孩子，開始就相信母親的說法，但某日突然問自己「眞的嗎？」他十四歲了，某程度的自我狀態業已發達。然後，想出「不，不對」的答案。或許十四歲以前，母親一直說自己丈夫是「無能力的傻瓜，千萬別像這種人」。孩子以P的自我狀態接受的事，後來以A的自我狀態加以確認，社會上這樣的故事，母親貶低父親……而且像這位少年一樣，在不知不覺中可能一生都一直在接受某事。

一般而言，A的自我是由自己自問自答追求事實，解決問題。

一、那是什麼……——調查後確認

二、你的想法如何……——試試看

三、爲何變成這樣？——回到基本重新思考

四、有何方法？——首先收集資料

可說是在心中扮演電腦的角色。

列舉的例一行動即爲此類。

★Ｃ心——孩子心

這是幼小時代感受的感情所反應的部分。有此記錄幼小時代所有的感情與經驗。以與生俱有的自然感情，表現隨心所欲的心情，以及觀察父母臉色而抑制自己心情等兩種。

ＦＣ（Free Child＝自由的孩子）

ＡＣ（Adapted Child＝順應的孩子）

Ｃ狀態，是表現幼兒時代思考、行動、感情的自我狀態。而且，ＡＣ是順應父母或長輩的自我狀態，ＦＣ是和父母或長輩無關，隨心所欲活動、表現的自我狀態。

一、不怯生、和藹可親。

二、由於不能隨心所欲，所以想哭。

三、說出直覺的靈感。
四、執拗的反抗。
五、可能被誰責備而悶悶不樂。
六、認爲自己不行而自閉。
七、哇塞，大聲說出。
八、按指示默默行動。
九、愛開玩笑，好戲弄。

想採取以上行動時的心態。

P的定義是誰的聲音，A是自己的聲音，不受誰干涉的部分。C是湧現不成爲聲音的感情。

亦即：

P是被教導的我
A是思考的我
C是感受的我

更詳細彙整P・A・C各別的語言、態度、樣子（表情）等特徵爲表格。你在哪部分的反應較多？（參照五十、五十一頁）

這不是指P・A・C的哪部分好、哪部分不好，而是表示其人思想、行動或感情類型的特色。由於存在這種特色，我們才可說是有個性的人。若能均衡表現這三種心，則不愧是傑出者。

心的能量是一定的，在某處出現多，某處就會變少。因應當時狀況，多數人在心裡自然會以最好的部分進行思考、反應，即自己做選擇。但是，偶爾會想到這樣的選擇不是很好，甚至有些奇怪。

此時，請你想想這三種心。或許是對自己的心不夠坦然。或者，可能是沒有正確理解他人的心態。或者，因爲理解不足，以致選擇偶爾會不盡理想。經由檢討過後，是否更清楚了解自己呢？

以上是引自我所學習的TA（Transactional Analysis ＝交流分析）。在此略述TA。所謂交流分析，是以美國艾力克・潘博士爲中心所創的方法。這是接受佛洛伊德系精神分析學的學說，但所謂「口語化的精神分析」，是以平易親近的日常會

自我狀態的特徵

	CP	NP	A	FC	AC
語言	不好 ～應該這樣做 做才是當然 非～不可 常常 無聊、愚蠢	好極了 美妙 我愛～ 可愛 了不起 溫柔	正確 如何 什麼事 爲什麼 多少	哇～ 有趣 喜歡做～ 不喜歡做～ 好痛 唉呀	不能 ～就好了 ～做做看 希望～ 請 謝謝
聲音	批判性 討恩情 厭煩 出現	充滿愛情 安慰 掛慮	一定的調子	自由自在 大聲 活力	淚聲 反抗性 奉承
動作或表情	用手指指 皺眉 發怒	展開雙臂 接受 笑容	深思熟慮 十分注意 開放	不執著 開放 放鬆 自發性	繃著臉 悲傷 明知故問
態度	裁定性 道德性 權威性	理解 顧慮 分與	伸直背筋 表現 檢討事項 評估	好奇心 快樂 時常變化	要求多 不平不滿 難爲情

（引自組織行動研究所發行「TA入門」）

自我狀態的特徵（圖）

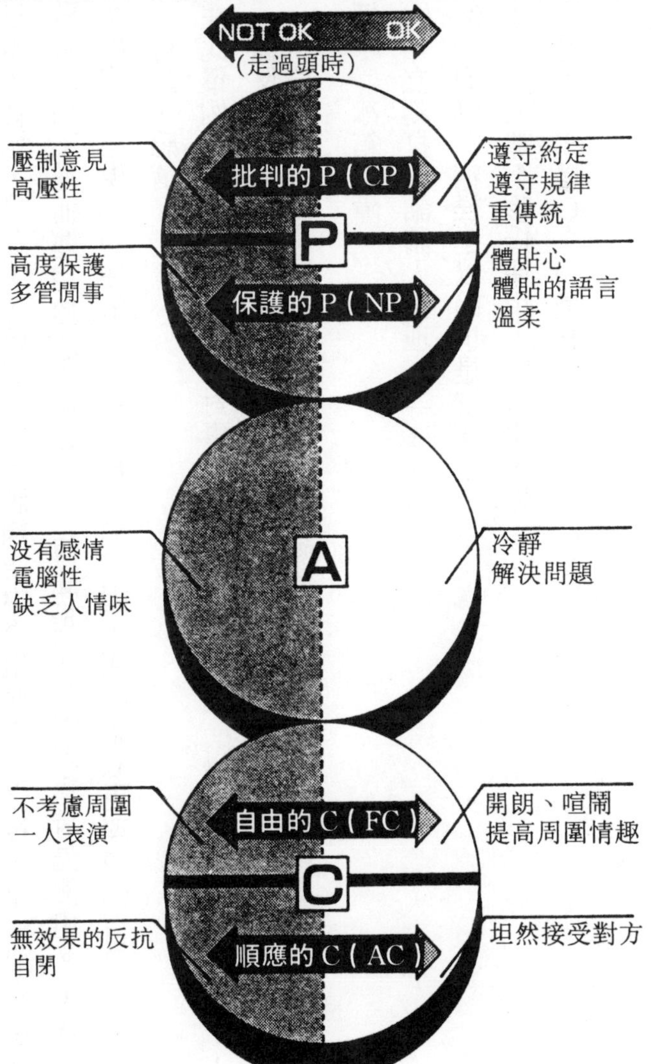
NOT OK
OK
(走過頭時)
壓制意見
高壓性
批判的 P（CP）
遵守約定
遵守規律
重傳統
P
高度保護
多管閒事
保護的 P（NP）
體貼心
體貼的語言
溫柔
沒有感情
電腦性
缺乏人情味
A
冷靜
解決問題
不考慮周圍
一人表演
自由的 C（FC）
開朗、喧鬧
提高周圍情趣
C
無效果的反抗
自閉
順應的 C（AC）
坦然接受對方

話性用語加以統一爲其特色。艾力克・潘博士是在一九五七年發表此方法，但最初引進日本的經過，是企業、航空公司爲訓練空中小姐而來。之後，是一般企業作爲員工教育之用。進而運用於心療內科上。傳聞是在九州大學首先使用。TA的目的，是探索自己現在的性格、行動、背景和原因，邁向確立更理想的自己，以改變思考、行動、感情。

在此舉例說明，依自我狀態對事物的不同反應狀況。以下三種不同反應中，你的哪一種反應較強？從三種之中以○選出你比較會有的態度。

例1　冰箱故障。

(1)「立刻打電話請人修理。」

(2)「啊呀，糟糕！以前也是這樣……」

(3)「大家都不珍惜使用，所以才故障。」

(1)是A、(2)是C、(3)是P。

例2　孩子遺失學校重要的講義。

⑴「爲什麼不收好重要的講義？」
⑵「回想昨日，回家後做什麼事。是否放在書包裡？在哪裡打開過？或許忘了放在哪裡？」
⑶「怎麼辦？糟糕！一定被老師罵……」
⑴是P、⑵是A、⑶是C。
你是屬於哪一類型？

例3　街上有一位穿著緊身毛線衣的豐滿女性。（男性場合）
⑴「哇，眞妙！你看看。」
⑵「穿那種大領口的毛線衣在街上走，怎麼回事？」
⑶「爲什麼那個人喜歡穿那種毛線衣在街上走？」
怎樣？你的想法如何？
答案⑴是C、⑵是P、⑶是A。

例4　最後是在公司發生的事。同事突然在不預期之下陞遷。

(1)「當然之事。她的子女多，需要多一點錢。眞可憐。」

(2)「唉噢！可能是她奉承上司得到的。」

(3)我認爲應該是我先陞官……可能是我不了解她的實力。」

答案(1)是P、(2)是C、(3)是A。

（參考日本產業訓練協會資料）

經由上述的反應，是否已了解自己比較容易採取什麼態度？哪一種反應較強？同時在你周圍的朋友、同事、上司……平常是採取什麼類型的態度？

不過，已反覆說過幾遍，不是時常處在相同狀態，任何反應都無所謂。理由是，此乃代表人的特徵。但是，只有A是解決問題，因此須多加應用A。

不過，時常應用A者是很無趣的人。在你周圍有否這種人呢？像電腦一樣的人，缺乏感情的人。

察覺自己，即可了解他人。了解自己，自己就會喜歡自己（接受自己）——。如此一來，即可自然接受他人。其對象是親子、夫婦、朋友、各有不同，不過必可看出他人。其中有一秘訣，就是充分活用A心。須知，以P心、C心對自己、對他人，是無法做出正確了解。

例如，發生某問題。在某會議裡，有一人遲到。不是會議也可以，凡是有等待的場合皆可。此時，有「必須守時。因爲有這種人，所以會議才開不好。以後別找這種人參加」的批判，或「以前就對那個人沒好感。眞的讓人生氣。再也不想看到他」，……以上說詞是解決不了問題。

或許很多場合都有這種情形，而不認爲是什麼大事，不過因爲時常反覆發生，所以會一再感到厭煩。最初狀態是P，後的狀態是C。於是，A就顯得重要。在A的狀態裡，是以「爲何遲到？如果開會時間稍微延後即可解決，那麼下次就延後十五分鐘……。大家一起思考如何有效使用時間，以彌補損失的時間……」加以解決。

在P或C裡，是最先反應，產生感想是無可避免之事，不過無妨，只要立刻轉爲A即可。把開關轉到A，培養以理性解決問題的習慣。

而且，配合T．P．O，使自己的PAC自由自在發揮爲最理想。如果時常是P，會令人困苦；如果是A，會被認爲是無趣的人；如果只有C，則會留下強烈的孩子氣……。工作時以A，聊天時以C……有時以P來敎導，或批判社會也不錯。請巧妙分開應用。在碰到問題時，充分活用A，以理性、客觀採取行動。如此一來，行事必然順利。TA，是以這樣「自己加以改變」爲特色。然後，由自己的主體性謀求更好的自我發揮以表現自我。

是否稍微啓開你的自我實現之道？

使自己的心豐富、心裡保持笑容，可能就是在自我實現之道敞開之時。

(4) 自我評定

再次思考前項說明的三種面孔，或許可以更清楚顯現你的心的傾向。請塡寫「自我評定」。（參照五十八頁）。

會成爲什麼形態的圖表？

當然，不是什麼形態就是好的，什麼形態是不好的。自我評定表，是表示自己的量，也就是三種心的量比例。有P高者、A高者、C高者，各有不同。而且，一旦發生事，就會表現何者最先反應。

例如，目睹交通事故的瞬間，首先你的反應如何？

「哇，眞可憐，滿地是血……一定很痛。」

「是否安排好救護車？」

「所以，非開快不可。」

有否察覺在周圍的人，一旦發生事情都有相同模式反應的人？……。此乃其人的特色。在此提出幾項事例。（參照六十頁）

這是自己的評定表，爲了瞭解他人如何看待自己，讓他人來評定也是很有趣。讓丈夫、或朋友之間……或由孩子評定，即可瞭解孩子如何看待你，而很驚訝。有未出現的自己，才知被忽視，或自己在不知不覺中展現的部分而有趣。

若欲加以活用，可寫出自己理想的自我評估表。然後，和最初製作的圖表比較。若差距懸殊，則須努力接近。如果自己希望達到這程度，則人的心會向這方面活動。基本上，TA是性善說，信任人，由於擁有思考能力，因此人是由自己負責決定自己的人生、做法。而且在TA裡，是針對可觀察的部分(可謂有形的個性)。

是否表現出應該如此的自己呢？

在本章的最後，再度以其他角度重新檢視自己。揭載如下的「自我點檢的檢查表」。請花點時間慢慢整合。思考平時可能沒想到的事。利用此機會，稍佇足凝視自己，也是不錯的做法。

自我評定

以下問題中，回答是（○），無法判定（△），不是（×）。但是，回答儘可能是○或×。

①	1	是否中斷他人說明，而陳述自己的想法？		合計（　）分
	2	他人行為不當時，是否會嚴厲批評？		
	3	必定遵守約定時間？		
	4	有否理想？而且為實現而努力？		
	5	是否重視社會的規則、倫理、道德？		
	6	要求責任感？		
	7	對小錯誤，是否會蒙混過去？		
	8	是否會嚴格教育子女或部屬？		
	9	在主張權利之前，是否會先盡義務？		
	10	是否常說「必須做～」「非做～不可」？		

②	1	有否很關心他人？		合計（　）分
	2	重視義理和人情？		
	3	是否會發現對方優點而加以誇獎？		
	4	對他人的委託，不會說不嗎？		
	5	是否喜歡照顧孩子或部屬？		
	6	能否靈活應對？		
	7	能否原諒、不責備孩子或部屬的失敗？		
	8	能否用心傾聽對方的話？		
	9	喜歡烹飪、洗滌、清掃嗎？		
	10	喜歡參加有益社會的工作嗎？		

③	1	是否先考慮自己的得失再行動嗎？		合計（　）分
	2	在談話上是否會感情用事？		
	3	在分析事物上，是否深思後再決定？		
	4	對他人的意見，是否會聆聽，參加贊否兩論？		
	5	對任何事都確實確認和事實的關係嗎？		
	6	你是理論勝於情緒性的人嗎？		
	7	是否輕鬆判斷事物？		
	8	是否有效處理工作？		
	9	是否考慮將來的行動？		
	10	身體微恙時，是否會自重而不勉强？		

④	1	認爲自己任性嗎？		合計（　）分
	2	好奇心强嗎？		
	3	追求娛樂、食物的滿足嗎？		
	4	是否會無忌諱的説出想說的事？		
	5	對喜歡的事物，有否非得到不可的念頭？		
	6	是否常用「哇」、「噢」、「好極了」等感嘆詞？		
	7	以直覺判斷事物的機會多嗎？		
	8	高興時，是否會過度而脱軌？		
	9	易怒嗎？		
	10	容易感傷流淚嗎？		

⑤	1	很難脱口説明自己的想法嗎？		合計（　）分
	2	有否爲了討好他人而勉强做事？		
	3	是否過於小心而消極？		
	4	妥協貫徹自己想法的機會多嗎？		
	5	在意他人的臉色或説詞嗎？		
	6	痛苦時，是否一直忍耐呢？		
	7	有否取悦他人的情形？		
	8	有否抑制自己的感情？		
	9	有否强烈的自卑感？		
	10	是否認爲現在脱離「像自己的自己」「真正的自己」？		

○是2分，△是1分，×是○分，逐項計算出合計分數，然後在下列的圖表上畫出曲線圖。

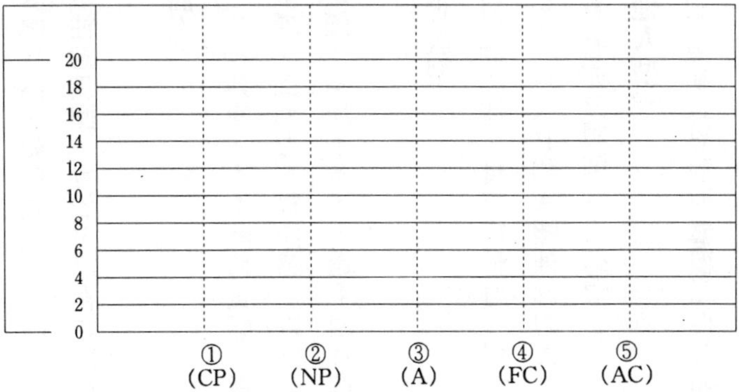

（參考桂載作醫學專士監修的自我評定表作成）

■自我評定的類型例

①〔**頑固父親型**〕

認眞、熱心工作。雖是嚴格、嘮叨，但是很懂得照顧他人的類型，周圍人們的評價，「嘮叨，不過值得信賴」。不善於遊樂，也不善於傾聽對方的發言，因此被認爲無趣的人，有被排斥的傾向。

②〔**善於照顧型**〕

開朗、快樂、體貼、富機智者。理性、工作能力強，會注意他人，略嚴、有評判力。有抑制自己、忍耐的一面。

③〔**充滿人情味型**〕

對人溫柔、深思現狀者。開朗、風趣，不會說嚴厲或批判性的言詞，向他人壓制自己想法的情形多，不過自認行善，結果可能只變成自我滿足。

④〔**電腦型**〕

A高的類型，具有判斷事物迅速的能力，行動力也強的人。共鳴性高，頗爲風趣，不過，若是AC低，則不會很注意周圍，會依自己喜好行事，因此被人敬而遠之。

⑤〔**散慢型**〕

逍遙自在、無拘無束，人際關係良好，善盡工作，但是欠缺嚴謹、批判力、責任感。對自己，對他人都不是很嚴謹，糾紛不多，不過不適合擔任領導者。

⑥〔**自由奔放型**〕

自由表現自己的心情，具有行動力、判斷力，開朗、自我主張型。以NP和A彌補低的AC，會判斷周圍狀況，具有充分體貼心、協調性。

⑦〔**依存他人型**〕

即使生氣或辛勞都會忍耐而繼續工作的類型。善盡被交代之事，苦於自己下決定或行動的「等待指示型」。不易當機立斷，因此若有突發的工作，就會感覺很恐慌。

⑧〔**熱愛工作型**〕

以工作爲人生目標的工作人。無論男性或女性，在職場上皆可獲得高評價的類型。擔任管理職之後，更努力工作，堪稱工作中毒。但是，某日可能會感覺「我的人生就這樣一直下去嗎？沒有任何自己的樂趣」。

⑨〔**淘氣大王型**〕

M型山峰極端時，就是缺乏維持秩序力和協調性，因此務必留意。但一般而言，也是「讓我做」的老大型，諳於照顧人，很有體貼心。不過，也有任性的一面。

⑩〔**自我中心型**〕

在現代年輕人身上常見的自以爲是型，以遊戲性的方法把握事物，以自由想像、遊戲感覺表現所得的資訊。行動冷靜，享受「自己生活」的類型。

（參考「自我評定表」東京大學醫學部心療內科編著　金子書房）

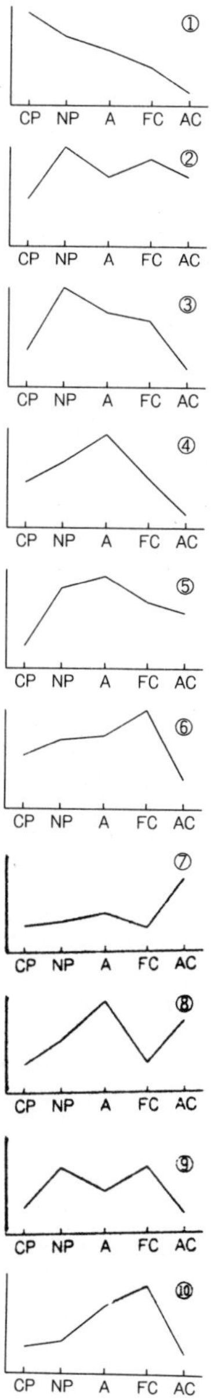

自我檢查表

⑴過去的人生中，最有意義的體驗是

⑵有自信做的事是

⑶最感棘手的事是

⑷最不想做的事是

⑸將來的理想是

⑹在日常生活中，給我最大滿足的是

⑺在自己的才能、技能中，獲得周圍最高評價的是

⑻他人對我的一般評價

①好評價是

②壞評價是

⑼在自己的能力中，今後希望發展的是

⑽自己的魅力是

第3章

笑容是最好的溝通

——你所演出的自己——

在我家，豢養一隻長毛獅子狗，迄今恰好十歲，出生二個月就到我家，所以已經共同生活十年。我們叫牠羅蒂，長得非常可愛。似乎是以被人疼愛為生活意義。兒子說，羅蒂不是狗，而是寵物。羅蒂完全沒有保護主人的概念，散步中遇到兇猛的狗，最初吠叫幾聲後，就立即纏住我們的腳，渴求我們抱牠。

當我的丈夫下班回家時，羅蒂的表現更奇特。因工作關係，丈夫常有四、五日不回家的情形，但羅蒂似乎衷心等待主人歸來……，當門外傳來汽車引擎熄火的聲音，就從二樓火速奔向一樓（兩個兒子的速度絕對趕不上），在玄關等待。聆聽大門的開鎖聲，確定主人回來後，就在大門啓開前，鼻子猛嗅，且嗚……猛叫，門打開的瞬間便飛奔而上，發出汪汪的聲音，表示熱烈歡迎。丈夫也欣喜若狂，「羅蒂，你很寂寞嗎？……」丈夫暫時不脫鞋，而在門口和羅蒂玩耍。

當丈夫步入房屋後，羅蒂便袒腹撒嬌，表示要人撫摸。俟丈夫玩一會兒後，我才說「回來了，辛苦了」。

其間，約三分鐘至五分鐘，羅蒂極盡所能的纏住主人，渴望被疼愛、被誇獎。表現完這些動作後，便裝得若無其事的表情望望我們……。

最初以為是歡迎丈夫，但事實上有些差異。最後才明白，羅蒂是為了取回丈夫不在家時的寂寞，才使盡辦法撒嬌。亦即，渴求丈夫撫摸。對我們而言，這是重要的溝通之一。而且，是坦率表現。小孩或狗常在必要時，會巧妙坦率表現希望人的擁抱或撫摸。如果被擁抱、撫摸，就會安心。但是，大人卻怯於表現……。

(1) 何謂溝通

溝通，是包含撫摸、認同意義的用詞，在人與人的關係上，是指「為了承認對方的存在所做的行動或影響」。亦即，可說「我們在生活上，必要的生物學性的接觸」。人為了促進心的健康，必須從和人的接觸中獲得刺激。此乃溝通。若欲建立、維持健全的人際關係，則承認人的存在、積極的溝通為不可或缺。溝通，如同心的營養素，若是缺乏，在幼兒等的場合，勢必影響身體發育。

因此，身為溝通企畫者的我，積極建議各位從事各種活動，俾益溝通。溝通中最理想的方法，是「笑容」。這對自己另當別論，對別人則是最佳溝通。和人的關係不是很理想時，須巧妙和人溝通，而能予以協助的是溝通企畫者。

我家羅蒂對丈夫要求的，就是溝通；若充分給與，則滿足、安心。狗，會巧妙表現所求。但現實上，人類卻無法如此輕易表現，或許我們不太察覺，但是溝通會在不知不覺中讓自己或他人的情緒變好或變壞。以簡單例子來說，似乎感覺很喜歡到某店……。為什麼？仔細想想，原來是那家店的店員總是笑臉迎人，「歡迎光臨」……。若無其事地讚美客人的打扮……。

好感欠佳的商店，是店員面無表情，或店員之間只顧著聊天而不在意客人……。如此般，在不知不覺中的溝通，使自己產生良好的情緒，或厭惡的情緒。

所謂溝通，就是切勿忽視他人。溝通不足，或不滿足的狀態，稱為溝通飢餓。幼兒期父母給與的溝通，會影響其人的生活方式。某人充分給與或接受溝通，但有人不善於給與或接受溝通。而且，有人相信溝通是無法期待。可是，儲存別人給與好又多的溝通，自己也會相對給與別人好又多的溝通。因此，期待、要求必要的溝通，絕非壞事。

以下介紹溝通的種類。

(2)　溝通的種類

在溝通上，首先有肯定性的和否定性的。各別又有接觸溝通和認知溝通。所謂接觸溝通，是指身體的溝通，即肌膚接觸。亦即，身體接觸的溝通。以身體的直接

所謂溝通，是指對人的一切行動和影響

接觸，包含語言之外的其他一切。眼神、笑容……。所謂認知溝通，是指以語言影響對方。於是，出現四種組合：

一、肯定性的接觸溝通

二、否定性的接觸溝通

三、肯定性的認知溝通

四、否定性的認知溝通

無論接觸溝通或認知溝通，肯定性的溝通對自己、對他人都十分重要。但是，不易表現或表現不足的人似乎很多。其中，**肯定性的接觸溝通**更是重要。

在此，舉例說明。

最偉大的親撫關係（史畢斯博士報告）

這是發生於英國的故事。在第二次世

界大戰後，有許多孤兒被送往乳兒院養育。在某乳兒院裡，保健衛生方面是零缺點，設備良好，乳兒依序沈睡在消過毒的白被單床鋪上，戴口罩的護士儘量不接觸嬰兒，總是乾乾淨淨照顧每一個嬰兒。

另一家的養育院，在不衛生的大床上躺著許多嬰兒，一起照顧。嬰兒互相接觸，保母也儘量擁抱嬰兒，身體接觸的機會比前家養育院更多。而且，這家養育院的乳兒死亡率低於一般平均，而前述的乳兒院死亡率卻非常高。同時，泰半死亡的乳兒是以脊髓萎縮爲原因。

亦即，史畢斯博士的結論是，爲了養育乳兒，並非重視清潔的衣類，處在無菌狀態，而是「大量的身體接觸，亦即接觸溝通爲幼兒生存上不可或缺」。

此例是有關嬰兒生存之例，我們在生存上，其實無論孩童或大人，和人溝通是很重要，尤其緊緊擁抱孩童，更是重要。

當然，大人也是同樣。對悲傷者而言，與其使用語言安慰，不如緊緊摟住他的雙肩，才能穩定其心情。責備孩童時，必須先握手或擁抱，再用語言責備。至於在公司裡，上司直接叱責部屬注意是起不了作用，但是上司輕拍部屬的肩膀說：「你這樣做……」即可收到好效果。

和動物接觸也是溝通之一

亦即人在生存上，和人的接觸（身體接觸）爲不可或缺，人類在本能上有此欲求，而加以巧妙表現的是孩童和狗。例如，幼兒向母親撒嬌「抱抱……」，經母親擁抱後就會獲得滿足。加以擁抱，就會安心、滿足，至於大人，會因難爲情而不敢表現……。不過，這的確很重要，務必謹記在心。

狗也是如此。像我家的羅蒂，當丈夫外出回來時，會狂奔而上，高興得猛搖尾巴，這些動作並非表示歡迎，而是希望撫摸牠。

長壽的老年人

這是英國醫院裡的故事，心臟病老人

在出院後仍能健康長壽，聽說是家裡飼養狗或貓的人。狗或貓希望被人類撫摸而接近人，在人類方面也和動物一樣，希望獲得觸摸的恩惠。亦即，無論老人或孩童，同樣需要大量的身體接觸。看護老人時，不僅使用語言，在肌膚接觸下可讓老年人更安心。

曾經幾次展讀作家遠藤周作的作品。其書內敘述，「住院時，夜裡因癌症末期之痛而備受煎熬的患者，嗎啡已失去效用，但看護整晚溫柔撫摸其身體，使難以言喻的痛苦暫時消失，進而安心入眠。這讓我深切感受到，人類溫暖的手具有不可思議的力量」。溫柔撫摸的行爲，比醫生的藥劑發揮「更大力量」！

這就是正面的接觸溝通。

試觀日本人的男性，似乎不善於這種溝通。聽說結婚的女性會立即變得不美，主要是男性溝通不足所致。要讓女性永遠美麗，則男性的正面溝通最爲必要。

或許自幼就被教導「男性不可隨意說出此事」，因此當妻子改變髮型時，也察覺不出。而且當妻子用心巧扮相迎時，也全然不讚美或表示適合（或許是工作疲勞而說不出口）。

可是，美國男性似乎不同。丈夫曾提起自己偶爾會和美國人共事一週或十日，此時，聽說那位美國人一定每天寫信給太太。我想他當然是寫「I・LOVE・YOU」，不過聽說在美國，夫妻分開生活一週時，若不寫信，則可能成爲離婚的理由。這正是男性對女性的溝通。（丈夫說完這一段故事後，又說出「幸好自己是日本人」的感想!?）

當全家旅居美國時，在兒子的學校裡有過這樣的經驗。學校老師常對兒子說「GOOD！」看到孩子交出圖畫或課業時，首先會說「GOOD！」接著才說「VERY　GOOD」。亦即「GOOD」不是很好。做得好的是「VERY　GOOD」，而最好的是「EXELENT」。以日本而言，是好、普通、不好的區分法……。而GOOD，是最低層次。

該方法是以溝通使人接受，讓人的情緒覺得很舒服。其實，聽說這種教育也適用於大人。丈夫提到在美國接受訓練或教育時，最初被讚美GOOD，而以爲自己可能不錯，……其後才發現似乎不是很好。如果不被稱讚VERY　GOOD，就不行了。不過，沒有被指稱不好，心裡還是覺得頗爲高興。從此以後，我把這種方法命名爲「GOOD・VERY　GOOD・EXELENT教育」，而且親自實行。

在日本也流傳這樣的故事。責備孩子時，先褒獎三項，再指責一項。亦即，以三比一的比例加以責備。國中、高中時期是以二比一（褒二貶一），但成人後，是一比一的比例。亦即，在叱喝、指責他人「一（錯）」時，先褒獎一項優點。

事實上，不要以爲對方是大人就不必稱讚。此乃表示給與正面溝通的重要，給與負面溝通的困難性。既然如此，則所謂溝通是指行使於人與人關係上的一切行爲，因此當然會有讓人覺得厭惡之事，如否定性的溝通、或負面溝通。所謂負面溝通，最淺顯解釋是漠視、輕視人，向人瞪眼、叱罵、指責。亦即，不用語言，而只用瞪眼的態度。

此外，尚有否定性的接觸溝通。亦即，毆打、拳打腳踢等身體接觸。否定性的接觸會讓人厭惡，所以最好不要施予他人。

一般而言，對於肯定性的溝通，無論給與或接受，任何人都會感覺很舒服、快樂，所以都希望得到肯定性的溝通。不過，如果無法得到肯定性的溝通，有時也會產生希望得到否定性的溝通。亦即，在完全被忽視、完全沒有溝通之下，爲了博得他人的注意，即使是被責備的否定性溝通也無妨。

惡作劇的孩子心

在惡作劇的孩子心方面，大致可分爲二種。一是好奇心強，對任何事都加以玩弄、分解、實驗，從中獲得自信，對往後的成長助益良多。須知，大人的叱責，確實會破壞其傑出的潛在能力。

二是自己喜愛的母親完全不理會自己，爲了能將母親的心指向自己，而努力博取母親的注意，可是選擇的方式卻不高明。引誘母親的心指向自己的高明方式，是能讓母親歡喜的事，例如主動幫忙做家事，讓母親稱讚「好孩子」的方法。但是，不諳巧妙方法的孩子，卻以不當方式吸引母親的關心。亦即，明知「做這件事母親一定生氣」，卻加以實行。例如在牆壁上塗鴉、故意弄壞玩具……。如此一來，母親一定大怒……「○○！怎麼這樣？壞孩子……」。孩子就是在等這句話。爲什麼？因爲母親完全不理會自己，而以惡作劇讓母親的心指向自己。亦即，誰都不理會自己，變成孤獨一人。被人忽視，是最寂寞、可怕之事。在人和人之間，希望被肯定爲「重要者」。

不過，即使未受此肯定也是無所謂。雖被指稱愚蠢也高興，只要不是孤獨一人就好。孩子是以惡作劇，在無意識中做出引人注意的行動，但大人卻不易採取這一類舉動，因此會慢慢變成神經衰弱者。如果自己懂得巧妙建立關係，就不會有問題……但是自己不肯主動向人寒喧。無法加入團體……。如此一來，當然會日漸孤獨。對人而言，是很難忍耐孤獨。人，絕對無法自己單獨一人快樂生存。

既然如此，在幼兒期養成接受否定性溝通習慣後，俟成長就很難接受肯定性溝通，而只收集否定性溝通。是否有人被褒獎、被感謝時，心裡會有不安；或者認爲「他這樣說一定是謊言」，而不相信他人。反而被說不好、努力不足、愚蠢，心裡才會篤定。

這不只是接受溝通時，連給與他人溝通時，也只說出對方的缺點。例如發現某人做事失敗或不順利時，會立即淸楚指摘，可是卻不容易開口稱讚對方優點。其原因是，人只能就自己經驗的事給與他人。因此，自幼習慣得到正面溝通者，自然可以坦然接受正面溝通，同時也可以給與他人正面溝通。

反之，同理。得自父母的若是負面溝通，則接受時只會收集負面性的，而給與人的人也只是負面溝通。自幼，得自母親無數次「妳的笑容最可愛」的正面溝通。於是，貯存於自己心中的是正面溝通。須知，父母給與子女的溝通非常重要。貯存

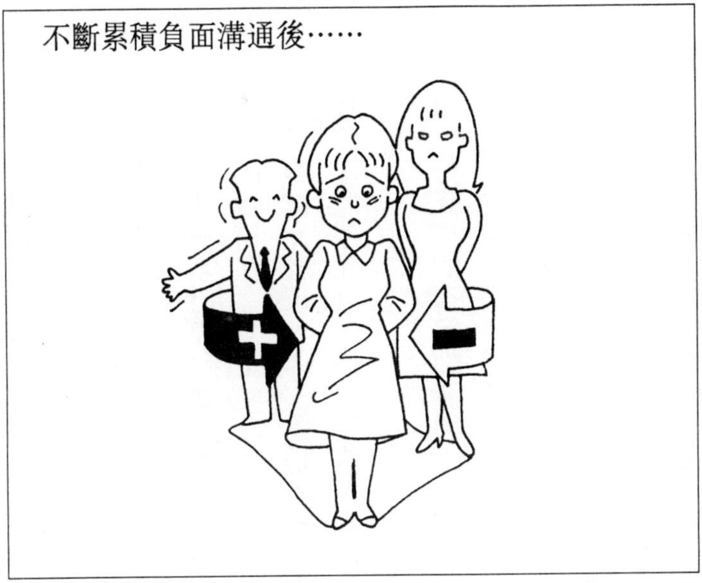

於心的是何種類的溝通，其後給與他人的也是該種類的溝通。因此，父母給與子女的溝通非常重要。

此外，溝通種類又有附帶和無條件之分：

一、附帶條件的肯定性溝通

「聽話的小孩，是好孩子。」

「努力用功，就有鼓勵。」

「不哭的小孩，才是好孩子。」

和子女對話中，是否常有上述情形？

二、附帶條件的否定性溝通

「惡作劇的小孩，是讓人討厭。」

「愛哭的小孩，會被丟到山裡。」

是否常聽到這些話？如此般附帶條件的溝通，時常被使用於修正人的行為上。在訓練幼兒的排泄問題上，尤為有效，但使用方法不容易，因此不是很值得推薦。

三、無條件的肯定性溝通

無論對方採取什麼行動，都會接受以肯定其人之存在時所給與的溝通。如同我們對子女的親情。

「無論做什麼事，你永遠是我最可愛的孩子。」

我們也能如此無條件肯定他人的存在嗎？其實很難，可是卻很重要。

四、無條件的否定性溝通

無論對方採取什麼行動，都會否定其人的存在時所給與的溝通。

「看到你就很厭煩。你滾吧！」

如果被他人奚落幾句這種話，或許就會很沮喪，而失去生存意義。

或許各位都已了解溝通種類，但無論何種類的溝通，都是生存上不可或缺的，同時想要溝通時，都會盡力而為。溝通的給與法、接受法的模式，是依據各人的人生立場（基本性的思考法）而持續發達。最後，列舉平時發生的情形來檢討日常的授受法。

得到就會很高興的一些語言

各位有否這樣的經驗呢？某日發生之事——某業務員的故事。

清晨起床，走到廚房，妻子睨眼斜瞄他一眼，又默默準備早餐，或許是宿醉，他感覺頭部沈重。喝了一杯咖啡，就出門上班。一進公司，雖有寒暄道「早安」，其他人也回應「早安」，但以外無其他對話。

不久後，被叫到上司辦公室「前幾日你所提的估價單……」，劈頭就訓斥，警告一番。很想回應「是按照課長指示……」，但是話到喉間又往內吞，而默默受訓。午後，外出跑業務，但是無論哪家公司都找不到負責者洽談。加班稍晚回家後，家人剛好吃完晚餐，看到他回來，各人就往自己房間走。

假設你有這樣的一日生活時，會怎麼樣？

又假設某日早晨，雖有宿醉感覺頭部沈重，但起床走到廚房，妻子以笑臉相迎說：「早安！昨晚喝那麼多酒，**辛苦你了**。」「嗯！是很累，不過業務關係也奈何不了。」「今天一樣努力奮鬥吧，再見！」「好，我走了！我會儘早下班回家……」，到了公司遇見今日初次碰面的同事，便開朗寒暄問候「早安」。只見大家的**笑容都十分燦爛**、**爽朗**。一會兒被上司召見訓示：「**或許是我說明不足**，造成前日提出的估價單有誤，下次別再犯錯了。」午後，外出跑業務，很幸運可以和每一家公司的負責者洽談，可是得到的答案泰半是：「你一向是**努力不懈**，下一次再談生意。」加班後回到家，家人快吃完晚餐，不過大家都**沒有離席**，好久以來全家四人再度**共聚二十分鐘**。

比較前者和後者，各位認爲何者較佳？其間差異何在？其要素是否完全不同？或許各位都已了解，雖是相同的一日生活，但因某些人的一些語言、關懷度不同而引起大差異。不妨以笑容道早安……將自己想法傳遞他人時，可以試著略表關懷……撥冗讓家人共聚……這是誰都可以做到。絕非困難事。如此般令人心喜的語言，即使只是幾句，在得到後會讓人如沐春風般舒爽。同時給與的一方，看到對方喜悅的臉孔，自己也會快樂。

如此般只是一些，或一句的鼓舞語言，會讓一個誨暗的日子，瞬間化爲開朗、快樂的一天。須知，只是靠你的努力和大家的努力，即可獲得快樂的生活。我們應該彼此交換令人如沐春風的語言。相信你已發覺，這才是正面溝通。

其次，將討論有關對於人或物的基本想法。此乃稱爲「人生立場」。人都是依據人生立場，發出各種類的溝通。

(3) 何謂人生立場

我們每一個人，都擁有對自己的存在固有的欲求、慾望或感情。包含得到滿足的欲求和得不到滿足的欲求，每一個人都會依據自幼所得的經驗，而該經驗成爲決定其人『人生立場』的重要角色。

所謂人生立場，亦即人對自己或他人所持有的基本心態、姿態。換言之，是依據從我們出生迄今，和雙親或其他人們的「肌膚親情」或「感情接觸」，來培養有關自己和他人的個人獨特感觸、看法以及反應態度。此乃所謂的人生立場或人生態度。（這和「三種心」相同，是依據交流分析概念而來）

基本上，可分爲四種結構：

一、我ＯＫ（我好）。

人生立場

①我 OK —— 你 OK
I'm OK　　You're OK
②我 OK —— 你不 OK
I'm OK　　You're not OK
③我不 OK —— 你 OK
I'm not OK　　You're OK
④我不 OK —— 你也不 OK
I'm not OK　　You're not OK

將法朗克・安斯特所創，命名爲「OK 牧場」的圖式，依4種人生立場及其各別附帶態度的模式加以圖式化。

OK 牧場

You're OK

I'm not OK			I'm OK
	③逃避態度 逃避性的 （逃避、躲藏）	和人好好相處①的態度 協調性的 (以主體性、自主性的生活模式妥善協調)	
	無可奈何的態度 絕望性的 ④(放棄、自暴自棄)	排斥對方態度 攻擊性的 （攻擊、排斥）　②	

You're not OK

（引自組織行動研究所發行「TA 入門」）

二、我不ＯＫ（我不好）。
三、你ＯＫ（你（周圍）好）。
四、你不ＯＫ（你（周圍）不好）。
然後依照其組合，形成人生立場。（參照上頁）

一、我ＯＫ——你ＯＫ

我們在出生時的嬰兒時期，是屬於健全狀態。若能滿足嬰兒的基本欲求，即可維持該狀態。空腹時給與牛奶、尿布濡溼時更換新的，同時在舒適的被窩裡甜蜜入睡。基本上，人是屬於該狀態。自己的存在當然ＯＫ，同時周圍都能接受自己欲求的ＯＫ狀態。該情形若是持續，則健全狀態亦可持續。此外，該立場者皆有和人和睦相處的姿態，該立場者，亦能主體性、自主性的生活，而且可以得到許多正面溝通，相對的給與他人的也是正面溝通。

二、我ＯＫ——你不ＯＫ

可是，人在成長過程中若被冷漠不理，或遭到虐待，則觀念會日漸改變。「我有這樣的欲求，卻不被接受」——亦即我ＯＫ，但周圍的人不ＯＫ，於是對人產生不信賴感，進而責備人，縱然問題在於自己，也不會承認。感覺容易被騙，以致有遷怒周圍人們的個性。在你周圍，有否具有攻擊性的人？雖然是自己不對，可是卻推諉他人……。

三、我不ＯＫ——你ＯＫ

如果無法滿足孩子的欲求，則孩子會認爲自己的存在是錯的。容易認爲自己很愚蠢、是劣等的小孩。因此，不容易接受正面溝通。然後，時常會有「逃避」的心態。聽說，這是我們人最多的類型。缺乏自信，認爲周圍的人都比自己優秀，但不知自己爲何不好，而躲避起來。更嚴重的話，甚至會導致自殺。

四、我不ＯＫ——你也不ＯＫ

最後，是你、我都不ＯＫ的立場。其例並不多，可是自幼就很悲慘、悽涼，因此自以爲人並無生存的價值。如此般，我們會依照四種立場來思考、行動。一旦採取某立場後，容易有持續維持該方法來選擇周圍（外界）的傾向。但實際上，人不只擁有一種立場，而會處於各種立場，但採取某立場最頻繁的，則將成爲其人人生的姿態。

同時人是依據其立場，給與或收集溝通。倘若時常以否定性的立場接受溝通，自然就會收集否定性溝通。同時，對那種溝通會更敏感。人均依其立場接受溝通，因此，即使接受相同的溝通，但接受的心態卻各不相同。擁有自信時，即使得到否定性的言語，也不會很介意。「你再想想。我是對的……」這樣認爲；可是，時常自認不如人的人，會透過所聽的言語認爲「我確實不行」，而接受溝通。因此，人生的立場會影響接受溝通的種類。可是，**基本上人全部都是我OK，你也OK的狀態**，因此，萬一發現自己有不同傾向時，可立即加以改變。

由此可知，有否發覺傾向，其差距就會愈大。該場合裡，只需努力改變即可。但是在未察覺之下，往往只會對自己和他人傳送負面溝通。

此乃人生的立場。

另外，尚有OK　GRAM。亦即，你心中的OK感情量。請各位自己計量看看。（參照八十八頁）

人是依據其立場發出語言（溝通）。

①「我ＯＫ——你也ＯＫ」

「這樣就可以，我們一起努力實行。」

「一定可以順利完成。」

「不會有問題，要有自信！」

「你有傑出的能力。」

「我偶爾也會失敗，不過仍須努力……」

如此般，以協調性、正面性思考事物之下所發出的語言。

②「我ＯＫ——你不ＯＫ」

「是你不好。」

「因為你，才會時常失敗！你要小心！」

「你的口氣很不好。」

「太愚蠢了！他的腦筋壞了。」

「他居然討厭我，實在很傻。他會吃虧……」

如此般，總是認爲自己對，他人錯。

③「我不ＯＫ——你ＯＫ」

「你實在了不起，無論何時，做何事都很成功。」

「我缺乏自信，終究會失敗。」

「儘量逃避，不接受工作最好。」

「那個人的運氣一向那麼好……」

擁有如此逃避的心態，多數會以這種立場和人溝通。

④「我和你都不ＯＫ」

「做任何事都無法成功，所以不再努力，也不期待……」

如此般，自暴自棄型的溝通。

就你而言，你是以什麼立場發出溝通？

OK 量

在以下1～40項目的問題中，對的在□中畫○，不對的畫×，二者皆非畫△。

1	我喜歡自己				
2	覺得自己不是很受歡迎的人				
3	覺得自己從出生以來就在無微呵護之下成長				
4	覺得自己的誕生不受歡迎				
5	基本上，自己並不信任人				
6	在現在的生活中，覺得自己是被需要的人(有用者)				
7	有時覺得自己是不中用的人				
8	不在意他人的做法或想法和自己不同				
9	認爲尊重對方才能了解其心情，因此努力實行				
10	被認爲是可信賴者				
11	自己是積極行動者				
12	自己很消極，唯恐失敗，因此不會積極行事				
13	有時會排擠、攻訐他人				
14	常後悔自己的行動				
15	他人不依自己之意行事，就會氣惱、焦躁				
16	不會讚美他人優點，只會指摘缺點				
17	基本上會信任人				
18	覺得包含幼童的任何人，能夠擁有自己意見才是好事				
19	很難自下決斷採取行動				

20	對自己的容姿缺乏自信	■		■	■
21	覺得自己的長相和身材深具魅力		■	■	■
22	由於缺乏自信，所以基本上都是配合他人	■		■	■
23	心裡覺得助人是徒增對方的依賴心，因此認爲不必要	■	■	■	
24	對自己的某些能力有自信		■	■	■
25	認爲人人擁有自己主張，經濟富裕是件好事	■	■		■
26	儘量不和自己想法、做法不同者交往	■	■	■	
27	能和大多數人和睦相處	■	■		■
28	對他人生活的順遂，感覺很高興	■	■		■
29	在他人面前説話時，不會不安或緊張		■	■	■
30	不喜歡和朋友或同事相聚一起	■		■	■
31	能和討厭的人共事	■	■		■
32	認爲晚輩或部屬應該遵從我	■	■	■	
33	認爲誰都有權利決定自己的事	■	■		■
34	不會一直叨唸、指責同伴的失敗	■	■		■
35	不是很尊敬自己本身	■		■	■
36	和同事相比，自己對他人的評價較嚴	■	■	■	
37	不善於褒獎他人	■	■	■	
38	一般人能做的事，我都能做		■	■	■
39	有利用他人俾益自己立場或工作的傾向	■	■	■	
40	即使自己失敗或失望時，也能積極向前思考		■	■	■
	（得點）				
		A	B	C	D

全部完成後，○2分、△1分、×0分，以縱排合計，將得分寫在□裡。然後，將得分以直線表示於下記表中。

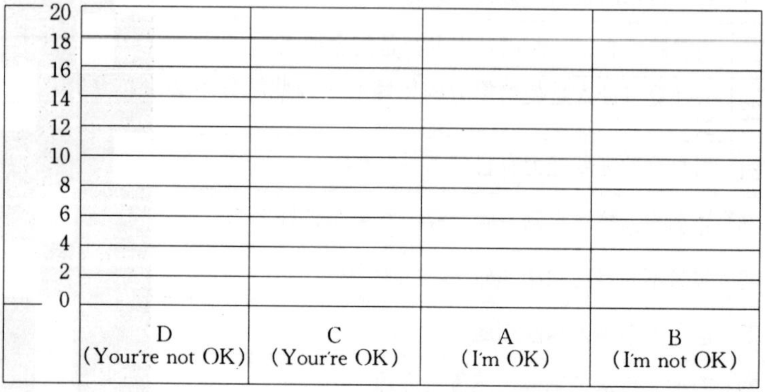

（參考杉田峰康著「臨床交流分析入門」作成）

其次，依所得數值分析整體的平衡。

參考下圖，記入。

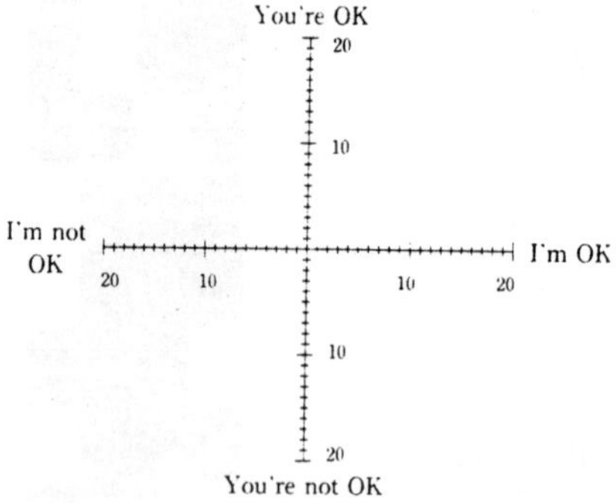

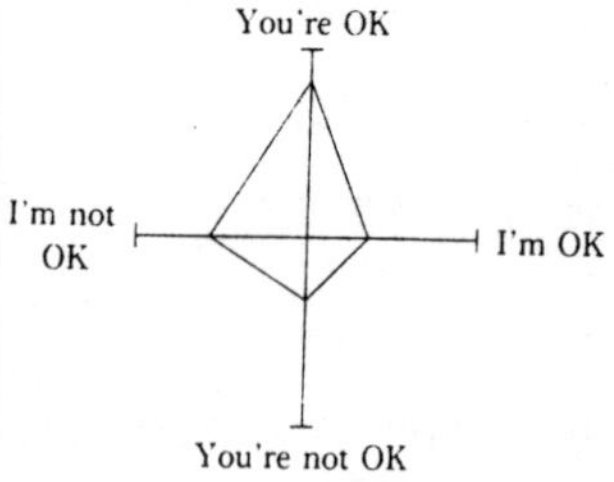

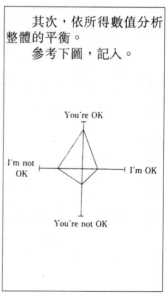

在此，我們來思考在不經意之下向孩子所說的話，孩子會以什麼心態接受?同時，回顧自己童稚時期的情景。對於自己的看法，或許是昔日父母反覆數次所說的話所造就的。（參照九十三頁）

(4) 你的溝通足夠嗎

對於他人給與的溝通，是否覺得滿足呢?同時，有否充分給與他人呢?那些是什麼種類的溝通呢?

前文已再三強調，溝通在我們生活上是不可或缺，而且溝通不足，將導致心神不定。各位有否經驗當精神焦躁時，適時的肌膚接觸或握手，即可穩定情緒的情形?接觸溝通，不是稚童時期才需要。在長大成人的時期，同樣很重要。

從兒童蛻變爲大人的青春期，尤其重要。此時，會讓人覺得突然被父母冷落，不受重視，所以國中的男生特別要重視接觸溝通。將來能否巧妙和女性接觸，完全仰賴這時期自己本身接受溝通的滿足度而定。我有兩個兒子，大兒子現在是二十七歲，他在國三時，偶爾還會暱坐在我的大腿上。其間雖只是三十秒，但是觀看電視時，就會不經意坐在我的大腿上。

「體重加重了……看電視的視線被擋住了。」

心裡正這麼想著，兒子就起身離開。或許這是兒子本人無意識的行動，反正就是很自然。

至於小兒子，更要求自己必須讓他自然發展。當哥哥離開我時，就會立即坐在我腿上。還是小兒子比較能巧妙要求需要的溝通。不僅要求接觸溝通，也要求認知溝通。我會努力在其要求之前就給與，但是不滿足時就會自己主動要求獲得正面溝通。亦即，對我、對自己（由我）都能給與快樂的答案。有時所提的問題，確實是比較無聊，例如：

「媽媽，我是不是又長大一些？」

「嗯，又長大了。」

「今天我是不是比較早起？」

「對，眞棒……」

如此般受到我的褒美、讚同後，就會笑著回自己房間。

或許各位會認爲，溝通是不必特別思考就能充分獲得或給與，但事實上無法做到的人卻是意外的多。請你回想這二、三天的溝通，並加以寫出。

命令（INJUNCTION）

我們來探討孩子如何接受大人不經意所發出的語言或行動。

●「不要爲了無聊事而哭泣！」
　└→（擁有這樣的感情是不對的。）
●「小孩子不需要考慮這些！」
　└→（思考是不對的。）
●「不要那麼粘媽媽！」
　└→（不能和媽媽親近。）
●「長大就可以了。」「現在還不行。」（對老么說）
　└→（不能長大。）
●「你已經不是小孩子！」（對老大說）
　└→（身爲小孩子是不對的。）
●「不要和那種小孩玩在一起！」
　└→（不要接觸性質、關係不同者。）
●孩子生病時很慈祥、照顧有加，其餘就很冷淡。
　└→（健康是不對的。）

溝通統計表

回想昨天一日的溝通並且寫出

給與溝通	正面溝通	負面溝通
在家庭裡		
在職場裡（對同事）		
在客户方面		
接受溝通	正面溝通	負面溝通
在家庭裡		
在職場裡（由同事）		
由客户		

結果如何？

相信你會發現，即使以為已充分足夠，但事實上仍然不足。「沒有充分獲得，就無法充分給與」為普通狀態。亦即，心中充滿的溝通有溢出時，才能給與他人。看看所寫的統計表即可發現，接受較多肯定性溝通者，才能回饋給與他人較多的正面溝通。

如何平衡肯定的正面和否定的負面？以整體來看，正面較多？抑是負面較多？這就是心的存款簿，若是正面的不多，就麻煩了。請各位感覺一下正面和負面的平衡，資產負債表上的負面較多，就會備感痛苦了。此時，必須時時增加正面才行。

在此，必須牢記一件重要事。就我個人認為，在這種資產負債表中擁有負面溝通者較多。亦即，因工作關係得自他人負面溝通者。例如處理申訴案件者、取締違規停車的交通警察等，在工作上必須追究他人錯誤的立場者，往往會接觸到對方惡言相向。這一類人應該努力給與自己更多的正面溝通。同時，要求周圍的人也要給與他們更多的正面溝通，如此一來，至少在心中會因正面和負面的相抵而成為〇。

此外，我也期望這些人的太太，能夠每日給與更多、更多的正面溝通。

在具體上，應該採取什麼行動？

(5)　笑容是最高的正面溝通

首先，能否給與自己正面溝通？這才是最基本。

清早起床，面對鏡子看著自己的臉龐微笑。此時，你的心情如何？相信一定可以依靠自己的笑容獲得正面溝通。這種正面溝通，同樣可以給與他人。淸晨，剛碰面的家人，以微笑道「早安」。這就是給與他人最高的正面溝通。你會認爲，難道就這麼簡單嗎？可是，你做得到嗎？……實際上是相當困難，而且是根本沒有做，何故？其實是因爲我們不曾接受「笑容教育」。自幼，父母會教導我們「○○，有沒有說早安？」「○○，有沒有說謝謝？」等等的語言教育；可是，不曾教導我們「○○，有沒有微笑著說謝謝？」「有沒有微笑著說你好？」

確實，在日本是沒有笑容教育。誠如第一章所述，法國很重視笑容教育。傳聞在美國以馬鈴薯聞名的愛達荷州某鄉鎮有一項條例——和他人擦身而過時，若未獲得對方微笑回報，亦即讓你有不愉快感時，即可「逮捕」對方。被逮捕者會被帶往「微笑訓練中心」，直至自然展露微笑才獲得釋放。

因丈夫工作關係，全家曾旅居美國二年。當孩子就讀當地學校時，曾耳聞如下的情形。就讀美國學校的日本人六年級學生，在演講課上被老師批評，「缺乏表情，必須加強表情，尤其沒有笑容，一定要多加練習」。六年級的國語課上有練習演講的課程，每位學生都要發表自己意見，學習姿態、手勢，以身體整體表現的方法。

那位日本人學生回家後，對著鏡子努力練習表情，到第三次演講時才ＯＫ。美國孩子是在自然中學會使表情更豐富的方法。當然，或許還有其他理由。亦即，美利堅合衆國是融合多種人種一起生活的國家，這些人在語言溝通不易之下，爲了表示「我對你沒有敵意」，即只想親近你，而互相以笑容表現。但日本是島國，以日語即可溝通——話雖如此，但近來外國人來日大增，儼然是國際社會，因此，今後笑容必然成爲重要的溝通方式。

另外，在美國也耳聞另一種情形——依據下列二項，可判定美國中等階級家庭教育的良窳。即一種態度和三句話。一種態度——笑容。三句話——請、對不起、謝謝。這部分和日本人相通，讓我很感動。

互相給與正面溝通，誠摯說出該說的話爲開始。首先是寒暄。這不是新進員工教育時才需要。

一、明朗笑容

二、隨時隨地向任何人

三、由自己先開始

四、持續做

在此力勸各位一定要做到。

各位是否了解寒暄的日本字（挨拶）意義?「挨・敞開心扉、拶・逼近」。亦即，所謂寒暄，是指敞開心扉，積極向對方示好。因此，所謂「早安!」「你好!」「再見!」並不只是語言表達，而應該更深入思考其意義。亦即，涵蓋積極促進人際關係的許多語言。例如：

感謝語言——謝謝!

鼓勵語言——你一定成功!

關懷語言——請你小心!

安慰語言——太辛苦了。

彼此以名字稱呼的良好溝通

另一項重點是，發現對方優點（長處等），且坦率以語言加以讚美，這是僅次於笑容的有效正面溝通。

此外，萬一和對方有什麼感情摩擦或誤會時，馬上坦誠道歉，也是涵蓋於寒暄語之一。對不起，非常抱歉——等。

須知，清早的一聲寒暄「早安」，可改變一日的情緒。能夠的話，加上對方名字，可成爲更理想的正面認知溝通。

「早安，○○先生。」

「早安，○○小姐。」

其實能夠被他人稱呼名字，是令人心喜的事。日本人很難得會互相稱呼名字，但外國人很快就會記得對方名字，在寒暄時，也會稱呼名字。

大兒子就讀阿拉斯加小學時，被同學稱呼為『SHINICHI』而感覺很吃驚。大兒子只在課堂上自我介紹一次，同學們就已牢記在心，而叫他「HI！SHINICHI」。同學的親切，讓大兒子很快就適應學校，和同學和睦相融。同時對校長的稱呼不是『校長先生』，而是直呼名字。「Mr. Hell、Mr. Hell」。對於老師也是「Miss Mary」「Miss 秦」。

其實，一日的寒暄機會數次。首先是清早起床時、到公司、到學校時，向今日第一次碰面的每一人問候寒暄。下班時、回家時，都不忘向人寒暄，則正面溝通會不斷增多，同時更促進和人的溝通。其次要力勸各位實行的是，開口說出想說的。最簡單的是「謝謝你」。

「謝謝你拿報紙給我。」

「謝謝你端茶給我。」

「昨日的影印，眞的幫我很大忙。」

「謝謝你完成會議的準備。」

以為可以做到這些事，但是一旦鬆懈就很容易被忽略。其次是感覺很難，但只要肯做，就會變成簡單又有效的方法。亦即，發現對方表現很好，立刻開口誇獎。

其實人，往往心中那麼想，然而卻礙於開口讚美。例如寒暄聲音很有魅力、上衣顏色秋味濃厚、口紅很美、桌上整理得乾乾淨淨……。無論什麼事都可以。我有一位朋友，以電話聊天在最後要掛掉之前，一定會說一句令人心悅的話：

「澄子，前幾日妳穿的那件洋裝很好看。」

「上次見面時，看妳很開朗又充滿活力。」

「充滿活力，所以只要看到妳就有鼓舞作用。」

其實說這些話不是很重要，但是可以從她得到正面溝通。反之，有一位朋友時常給我負面溝通，那時會讓人感覺很不愉快。

尤其是夫妻間的溝通，將平時不說也了解對方意思的事情，開口說出也是很重要。亦即，開口表達互相尊敬的感情。

夫對妻要很自然表達感謝之意，妻對夫的工作苦勞也要以言語表達慰勞。表達方法、口氣、次數、場所等一切因人而異，而且必須努力才可做到，不過效果奇佳。實際上感情失和的二人，因彼此努力向對方寒暄，會使家庭氣氛慢慢變爲開朗，關係也逐漸和睦，進而影響朋友的實例不勝枚舉。其實心裡很明白狀況，但聽到對方的讚美，喜悅感還是湧現心頭。只要自己心情愉快，自然轉而授與他人。

在「謝謝」方面，我本身曾有這樣的經驗。身為溝通企畫者的我，一向盡己所能向人發出正面溝通，可是對自己家人卻羞於表達。自己可以很順利指導他人如此作為，可是卻無法坦然向丈夫說出感謝的話。直至四年前，才下定決心坦然向丈夫說「謝謝」，那時在丈夫身上也發生奇蹟。

我常自稱「季節勞動者」。這主要是自己一向在三月至四月擔任各企業新進員工教育中「商業禮儀教育」的講師。各公司的入社時期大約相同，所以此時——此季節——忙得席不暇暖。如果業務是連日持續，我會一面處理家事，一面準備晚餐，不過會很勞累。第一天咖哩飯、第二天黑輪、第三天燉牛肉、第四天壽司等**輪流替換**。可是，某日回家時間較晚。在品川站轉車時先撥電話回家告知，但回到家赫然發現丈夫已備好晚餐，在我內心感覺欣喜萬分的同時，確實有「未盡主婦之責」的愧咎感。但無論如何，提早十五分鐘吃飯確實令人高興。

平常會有些意氣用事的心態，認為「任何事都不必假手他人」——不過，心裡確實高興。心中只充滿感謝的心情。「謝謝你，幫我這麼大的忙」，至今猶記當時由衷感謝他的情景。然後，三個月後便發生奇蹟。

六月溽暑的某日，也是因整日研習而人還在某企業時，心裡便惦記著（今天丈夫在家，還是做壽司）。上午出門時，就對家人說：「我要走了。今天晚餐已準備妥當。」雖是回家後才叫壽司，不過也算已準備⁉……。可是傍晚七點左右到家，打開玄關，撲鼻而來的卻是陣陣香味。準備上二樓時，赫然發現桌上已備齊五人分餐具，晚餐也已上桌。（我家共有五人）飯已炊熟、味噌湯已在桌旁、桌上還有生菜沙拉、炒肉！「呀！怎麼有這些佳餚？……」很想這麼說，可是卻發不出聲音。你猜，此時丈夫對我說什麼？

「是否熱昏頭了？**先吃飯？還是先洗澡？**」

為什麼？怎麼會發生這種奇蹟？仔細回想才明白，原來從哪一天自己放鬆肩膀，不再矜持而由衷向丈夫表白感謝之意以來，丈夫也隨之轉變。自己今日的成就，絕非自己一人之力即可完成。母親、子女以及丈夫的協助，才有今日的我。似乎是在如此坦誠接受的心情而湧出感謝之心時，丈夫也打算幫我處理部分家事。

……盈眶淚水再也難抑。為了掩飾自己的「泣」，於是一面向丈夫說勞累你了，一面奔入浴室沐浴。晚餐的啤酒味，至今仍難忘懷。（或許各位不相信上述，以為只是作文章，不過這確實是我的肺腑之言。）

另一項是，以下所要說明的**溝通接受法**。平時我也常常實行這種方法。工作不順、情緒不佳，或得到什麼負面溝通等僅憑自己笑容也無法對應時，自己會在不知不覺中日漸沈悶。此時，我會積極接受丈夫給我的正面溝通。

不過不是表明說「給我溝通」，所以丈夫可能沒有發覺我的心態。此時，我會選擇能讓自己獲得快樂回報的溝通話題和丈夫談心。例如，二人一起觀賞的電影主角。亦即，我很清楚丈夫一定會說主角的行動、言語和我一樣可愛又有魅力。如此**交談後**，在我心中會積存正面溝通。情緒漸漸上揚舒暢，直至感覺「嗯，還能熬過一陣子」後，便中止話題。各位覺得如何？不妨試一試。（不過，可能要在對方心情不錯時才能實行，否則所得回報和自己預期完全不同時，就會成爲雪上加霜的惡劣狀態。）

有時迫不得已時，我會單刀直入要求「老公，可否給我一些鼓勵話？」以上二者，你選擇哪一種？

現在我們所生活的世界，其實可分爲事實世界和感情世界。

所謂事實世界，是指在客觀上、實際上會發生事件的世界。至於感情世界，是指對事件的感觸。亦即在事實世界裡，由於明白他人所言屬實而不得不承認。例如因工作關係失敗，而招致上司、同事的指摘。心裡很明白這是不可掩飾的事實。但

一味主張正論極易傷到對方

是被指責時的不愉快心情（此乃屬於感情世界），始終無法釋懷。雖然理解事實，但感情卻不予肯定。因此如果反覆發生數次後，令人嫌惡的情緒就會不斷累積。

「我很明白他所說的，可是口氣讓人不愉快。」各位是否常聽到這種話？

當然，互相給與正面溝通最理想，可是有時會有不得不給與負面溝通的時候。

此時，儘量讓事實世界和感情世界都能接納爲佳。不過，在給與對方負面溝通時務必特別留意。有時因給與負面溝通的方法不當，導致對方終生難忘被傷害的情感。

不過，請安心，只要遵守法則給與溝通就萬無一失。

(6) 高明的溝通給與法

溝通的給與法是因人而異，而且具有獨特方式。認為鄰人方法極佳而想模仿，但事實上不一定有效。因為，溝通是表示給與者的本身，因此必須具有個性化。由此可知，由本人在自然之下常用的語言、態度給與或接受溝通為最理想。可是，此時基本上有三項留意事項。

第一，**溝通是無條件給與肯定性的**。前述的附帶條件的溝通並不理想，會造成數種弊害。例如「有好成績就給與讚美或獎品」的場合，會出現過於重視為達成目的的行動和眞實。同時，假設努力果眞可得到溝通目的；若是失敗，反而是得到負面溝通，加上容易自認沒出息。再者，提出條件者，如果只重結果、輕過程，則接受溝通的那一方或許會不擇手段以達目的。因此，給與的切勿附帶條件，應該是無條件的正面溝通為最重要。

第二，**採用前記的我ＯＫ，你也ＯＫ的人生態度**之下，人才能給與更適正、更多的溝通。亦即充分接受自己，同時容易接受他人時，才能清楚發現他人長處。不致過大評價或過小評價，可以充分慈愛的心眼、笑容的眼來對應對方。

第三，**切勿僅憑語言，而以語言以外的溝通**才能給與更多的眞實性。有時語言只是嘴上說說而已，可是態度會深刻給與對方（密拉畢安法則）。

所謂密拉畢安法則，是美國心理學家雅博特・密拉畢安之說，他把給人印象的三要素比率，作如下區分：

一、語言　　七％
二、口氣　　三十八％
三、肢體語言　　五十五％

亦即，使用語言只是傳達內容。口氣，是會左右對方的感情。可是，給人印象最深的是肢體語言（由身體表現，語言以外的態度）。眞心展露笑容，目視對方的雙眸。有時不用語言，而以心眼呼應即可表達心意——因爲雙眸比口更能傳情。

切記以上三條件。

最後，說明不得不給與否定性溝通時的法則。這在家庭的親子間、朋友間、公司上司和部屬之間一概相通。

一、失意時不給與
二、他人之前不給與
三、立即給與
四、具體表達
五、既往不咎
六、（不對人）只對行爲給與溝通
七、勿信傳聞，由自己確認

此外，尙須留意在給與負面溝通時，視線維持等高，對於站立者自己也站立，對於坐者自己也坐下，然後以手接觸對方肩膀或握手等，以接觸溝通傳遞溫暖爲最理想。

其順序是：

一、首先不要表達負面，而先傳達在整體上時常是優點、正面的事物，例如「時常接受你的協助，非常謝謝。」

二、具體表達一種肯定性的

例如「前幾日因期限逼近，幸好有你幫忙打文書處理機，才能順利完成，謝謝你。」

三、「可是隔日的計算錯誤太多，必須重新做，實在令人困擾。希望你多加注意。相信你一定可以完成。」

四、然後，再以肯定性口氣說：

「不過，你一向都很努力。」

各位覺得如何？以此模式給與溝通，即使給與令人不悅的負面溝通，相信對方也能欣然傾聽。

爲了保有心之笑容，首先要給與自己笑容溝通。溝通是日常生活上極重要的，因此再三叮嚀務必努力維持人際關係。

第4章　培養諮輔精神

——以對方立場思考的心——

前文已詳述「笑容」的一般意義，再以現在為切口，透過我的方法向各位解說心之微笑的重要性。在說明自己的經驗、感觸，且進一步思考當中，**發現自己的存在有何意義**？何謂「我」？我的為人如何？我，也就是「你」。我們常說「身為人的生活是……」，或「人本來就是……」。到底「人是什麼？」。同時以人生在世，我們最珍惜什麼？能解開以上疑惑，才能擁有良好的人際關係，同時可在心中持續保有「笑容」。我們將在本章探討人本身問題。我們對每一個人的感觸、想法各不相同。在此先說明我們的思考能力，以及如何加深自我了解。同時說明各位都能培養出諮輔精神為最理想，這也是撰寫本書的宏願。

(1) 何謂人

在此列舉古來就有的二、三例，說明何謂人。

①常聞，人的本性是羊抑是狼？你認為何者？

就羊說是性善說而言，是主張人性本善之說；至於狼說是性惡說方面，是主張人性本惡之說。

主張羊說而聞名的是古代中國的孟子，其主張「人性本善，因小欲而不善」。同時，盧騷在『愛彌爾』中表示「一切人要從造物者手中出現時，皆爲完全的生物……可是被不完全的社會破壞」。與此相對，荀子是倡導「人的天性是惡」的性惡說。同時，叔本華主張「人如刺蝟，過近則痛，過離則寒。以適當間隔爲佳。」連佛洛伊德也主張性惡說，「人，本來在基本上就具有敵意、反社會性、肉慾性」。亦即，可說他的精神分析是由此說而來。

我在第二、三章介紹的TA（交流分析），基本上是將人類視爲善。至於選擇何種說法？無論何者皆可，不過因選擇的不同，對人的看法、想法當然不同。據說，科學家所引導的結論方向會因思考方向而異。

②「人是單獨一人誕生，死時也是單獨一人死亡，所以屬於孤獨。也因此單獨一人是無法生存。」離群索居的生活極易傾頽，憑誰都要他人支撑，在此意義之下，才衍生「人」字。

③依據柏拉圖之說，「古人有二個頭、一個身體、四隻手、四隻腳。然後在原

野奔馳生活」。可是，人過於相信自己的力量，常常違背神祉，所以宙斯神才把人分爲兩半。有人認爲，人們極欲將二個身體恢復爲一個，於是才互相求偶。這可表示爲男女之愛。

這讓我想起在學生時期因一句話而被責備的情景。我所就讀的學校是宗教學校，因此研讀聖經也是課程之一。當時，我以玩笑口吻詢問老師。

「老師，在生物課上提到人類的祖先是猿，可是聽說神是依據自己的形態創造人，那麼神是否也是猿？」

這問題讓嚴謹的M老師非常難過，並且爲我祈禱。如今那位老師業已仙逝，偶爾想起往事就覺得很對不起他。

④各位知道「創造天地的故事」嗎？

這是世界上最廣爲閱讀的書本，『聖經』舊約聖經中所記載的故事。在創世紀之初，神就創造世界。首先創造光和暗、接著完成天和地，最後才集大地之泥創出人的形態。神是仿效自己的形態創造人。然後，向人偶鼻上吹氣，創出人類，於是亞當誕生。並且讓他住在伊甸園。神覺得「只有自己一人住在那裡不好。應該再創造助手給他」，於是趁亞當午睡時，取其筋骨一根，再拿出泥土吹氣，創造一個女人。她就是夏娃。然後讓二人共居伊甸園，且有一項約定，即「可摘食園內任何果實，可是不能擷取善惡知識的果實。倘若摘食，則將死亡」。二人遵守承諾一段時間，可是當蛇來到夏娃身邊時：

「為何不吃那棵樹的果實？」

「因為神下令禁止摘食。聽說吃了就會身亡。」

「才不會死。那種果實非常美味，加上食用後可以和神一樣了解善惡之分。」

「可是，神禁止我們……」

「妳看，這麼美味。」

夏娃在難敵誘惑之下，終於吃了。由於非常美味，於是也給亞當吃。亞當正在品嚐時，適逢被神呼喚。

「亞當、亞當。」

聞言的亞當大吃一驚，而將果實（蘋果）囫圇吞棗而下。（稱呼男性喉結為「亞當蘋果」的典故即由此而來）亞當突然發現自己身無寸縷，趕緊以無花果葉掩飾前身，而來到神的面前。

「爲何遲遲未到？」神不悅的問。

「因爲身無寸縷，急著找樹葉遮身。」

「爲何會裸裎？是否摘食我所禁食的果實？」

「原本我是拒絕，可是夏娃一再勸我品嚐……」

神龍顏大怒，懲罰蛇一生以腹部爬行，亞當和夏娃則被逐出伊甸園。同時懲罰夏娃須受生產之苦，給與亞當辛苦耕耘後才能獲得食物的懲戒。

此乃天地創造時的人類狀況。我們人類可說具有以下本質：

一、違反契約

二、推諉責任

三、自我欺瞞

(2) 我所相信的人類觀

以下將進一步探討人類觀、人的本質。我們將人類視爲基本上可信者，和基本上不可信者，結果在日常生活態度上當然迥然不同。可是，可能有人無法確切判明是前者或後者。有人會認爲「希望成爲那樣」，但無論如何，請再次深入檢討。以

恁誰都想向上成長

下我將說明我所相信的人類像。此觀念深受被譽爲諮輔之父卡爾羅傑斯的人類論影響。

第一，我相信誰都擁有向前進、向上發展、往上伸展的心境。

這種情形只以「向上心」一詞表現，就顯得太平易，但我相信無論是幼童、大人、女、男，都是依據當時所處的立場，由衷渴望更成長。不過絕不會說「我常常希望更成長」，而且是自己未察覺有此意願。人本來就有朝某一方向，而且極欲朝健全方向發展的導向。此外，假設途中遭到阻絕，也會像伸枝發展的樹木一般，時常會讓人感覺不斷往上伸展的傾向。

可是這種向上的意願，有時會無法獲得滿足，有時會有發展不順利等情形，此乃意味未完備繼續成長條件使然。即，擁有想繼續成長之力或意願，可是因營養不足而力不從心。亦即如同生物爲了促進成長，必須有維他命、礦物質等，人也必須有這種心理性的條件。亦即，極欲成長者能否臻至目的，關鍵在於有否遇到充分給與溫暖、肯定其存在的周圍人們。（正面溝通）

如果無法被周圍人們接納、肯定，則極易朝歪斜方向成長，其後想加以矯正亦非易舉。此乃表示人是擁有向某方向成長的意願，但是在心理性的環境之下，有時健全，有時因遇到阻礙而朝歪方向成長。

育子迄今，才警覺自己是否充分接納二個兒子，而且有否肯定他們？爲此深感不安。有否阻礙他們成長？……。縱然如此，他們還是有自己的方向，所以依舊讓人期待。

第二，觀察孩子或觀察自己本身後，感覺人本來就擁有渴望他人了解實際的自己的心境。雖然想給人好印象，但仍強烈期望他人能對毫無掩飾的「裸裎的自己有所了解，同時被接受」。完全無做作的自己、自己本身、自己本心，一概坦然發揮眞我，坦誠交往。若能臻此關係，即可充分自由，不會互相評價，維持互重的人際關係。事實上此乃不易，但可能是每一個人的期望。

第三，當我們判斷、決定某事時，原本就具有潛在性、健全性又正確的選擇能力。或許依據直覺方可獲致。常聞『人類是比理性更賢明』，表示切勿僅憑各種知識思考，有時以直覺來判斷或許可獲得更正確的答案。有時或許以直覺獲得答案後，再參考知識、理論。仰賴直覺力的泰半是女性，依我的經驗，瞬間的判斷能力往往可證實直覺的正確性。其實健全的選擇能力不僅依靠直覺，如同方向性一般應該是與生俱有的能力，然因某些因素阻礙而喪失。該因素有時是環境，有時是教育。

就我個人認爲，上述三項是很重要的準則。基本上，相信人是值得信賴。「出自神之手時」，是因仿效神的模式創造，因此是「善」，可是被創造後也了解擁有選擇「惡」的能力。當我們和人發生接觸時，須確信自己和人有所關連中才能成長。在此重申前述的三項重點。

- 人是在具有某方向性之下生存
- 希望他人了解最自然的自我狀態
- 自己擁有選擇答案的能力

就我個人認爲，確信人與生俱有如此特質。

我們可以各種角度觀察人類，其中以生物學立場思考的是「生至死」。亦即，「生命」概念。現在是重視生命論理的時代，但生命論理非醫師或專家須對應的問題，而完全要看待爲我們每一人的重要問題，而且須撥冗深思此問題。

另一項是，前述我所相信的人類觀，再以基督徒立場添上一言。即前述的人類本質問題，相信神給與我們生命時就具有這種本質，同時確信我們的生命是神所賦予，因此須倍加珍惜自己。在此不再說明以下問題，僅供參考。

請就「生命」深入思考。

你對生命的概念如何？

人工受精？安樂死？

(3) 有關諮輔精神

我開始學習諮輔課程的直接動機，是源於人際關係上的困擾。自認彼此契合、信賴的朋友間，卻產生微妙的感情摩擦，甚至無法溝通，所以才想重新檢討自己，其實在很久以前——育子之頃，就對自己的價值觀失去確固的自信。此外，無法如意對應子女也是理由之一。

以下先說我在育子上的失敗談。大兒子是在三歲時就讀幼稚園小班。在他二歲七個月時，我產下老二。在老二誕生時，老大完全無反抗期，表現十分乖巧，對父母所言是言聽計從。可是，在幼稚園的生活狀況卻一反常態。在家裡非常乖順，對父母所言的回答一向是「好」「好」，可是在幼稚園，無法坦然接受老師所言，同時不和衆人一起行動，完全是我行我素……甚至動手打同學等不良狀況。

老師在聯絡簿上詳述情形，可是和家庭裡的狀況大相逕庭，讓我難以置信。在參觀教學和聆聽其他母親所言後，更加驚訝。

所以，當孩子回家後，就直指著他責備。聽說狗和幼童不在當場指責就會忘記所犯的錯誤，於是拿著聯絡簿對他怒斥，「你怎麼會有這種行爲？」或許兒子本人對我的這種舉動會覺得莫名其妙。

老大在家裡的行爲更加乖順，可是在幼稚園的壞卻變本加厲。不久後，只要發生壞事，就會歸罪爲大兒子的行爲，連惡作劇的始作俑者也指向我的兒子，不啻是被貼上標籤。爲人父母的我，覺得相當羞愧。我只注意世俗的眼光，心中完全不留餘地聆聽兒子的陳述，從此對自己的想法、教育、價值觀完全失去自信。過去不曾經驗的敗北感幾乎擊潰自己，根本不再有振奮自己之力！

「不應該會這樣啊。這孩子也有很多優點。他是很乖巧的孩子……」心裡這麼想著，可是卻說不出口。由此可知，我欠缺確固的價值觀。當時無法確定什麼最重要、什麼問題應該如何思考……最後，我確切感覺到必須切斷這種惡循環，努力再振作自己。

「我必須以從容之心、長遠眼光來看這孩子。這孩子一定有他的優點……。」而且，我也向幼稚園老師說明我的決心。當然必須有勇氣，同時我已深深感受到再不努力將永墜深淵（甚至有人對我說，你的孩子可能有自閉症）。結果卻在我的意料之外，或許是自己的心情變輕鬆、態度變得從容不迫使然。隨著我的改變，孩子也慢慢起了變化。當然，也可能是孩子的自然成長、蛻變。過去，我總是把自己兒子和別人比較，但現在不再有這種舉動了。孩子的轉變很緩慢，只有身爲母親的我才能了解的微小程度變化。

丈夫恰好在那時準備轉調美國，我又開始煩惱了。孩子在日本國內都無法適應，遑論國外……。但是，結果卻相反，兒子似乎比較適應外國。日本的問題兒，卻成爲美國的優等生。

透過這一段經歷，讓我學到二大要事。首先，應該以確固的自我價值觀來接納孩子。在充分了解自己而有變化時，人才會轉變。然後，所擁有的價值觀必須適用於任何事物……。另一要事是，因困擾而煩惱時，再聽到別人說「可能是自閉症」，不啻是雪上加霜。我相信那個人是善意的，可能想表達「假設確實是自閉症，應儘早治療」。可是當時這句話，卻讓我沮喪難以自已。只是一句話，有時會讓人沮喪到無以復加，有時卻給人無限欣慰。那時的那一句話……。當我了解這事實時，才切身感覺諮輔的重要性。然後，決心以諮輔顧問為業，避免他人重蹈我的失敗，同時儘量把自己的這種願望傳達給人。

我是在接觸孩子之中發現自己，但是這不只對孩子時如此，和任何人交往上也會發生。常聞，人是在和人的關係中才會成長，這可說是眞理。

確實，我是借由三歲的兒子才能成長。我由衷感謝，每次回首當時情景，就覺得爲何那時不溫柔地抱著他說，「你還是媽媽的乖寶貝！」而痛心不已。

一想到當時兒子難過的心情，就會讓我像窒息般痛苦。或許兒子本身並未意識到……。如今大兒子已二十七歲，成為我的交談良友，以及品酒良伴。

育子的失敗不只一項，而是多得難以罄書。其中一件有關二兒子的事情，是至今依舊無法釋懷的痛。

即，老二入小學一年級的五月，一位二年級女生在休息時間到操場遊玩時，被二兒子打傷。這消息使我相當震驚。我立即詢問原因，他哭著說：「我沒有啊！可是老師說：『說謊是做賊的開始』，然後叫我罰站，我很不甘心！」我想老師不會錯罵孩子，可是也相信兒子所言！他沒有打人，其後約一週左右，每當孩子從學校回家時，就會不知不覺問到：

「你眞的沒有打人？」得到的回答都是沒有。最後兒子反問我：

「媽媽，如果我說有打人，是否不再每日問我嗎？」

各位是否覺得我這個母親太過份？居然逼迫兒子至此程度。其實，當時的我相當困擾，不知如何是好。

直到聽到兒子的反問，自己才有所醒悟。這情形使我震驚不已，而且那句話背地裡的心境直刺我心。亦即，無法讓父母相信自己的孩子難過心情，深深地刺痛我心。想到兒子每日過著如此落寞的日子，我的身體就會不禁顫抖。

「是否會造成他認爲人本來就不被信任……」

可是現在老二已成長爲祥和、力壯的青年，在國外過著很安穩的生活。

坦然接受對方、傾耳聆聽對方之言，這種事爲何會這麼困難？

諮輔是解開心之線的糾葛

迄今，自己已學習五年的諮輔課程結果，希望各位也能了解諮輔精神，並善用於人際關係上。相信在朋友關係、親子關係、公司的同事、上司和部屬之間等一切場合裡都很重要。在今日社會裡，諮輔業已形成熱潮，其重要性已被肯定。可是，諮輔並非諮輔師在一間房間內進行的專門行爲；而是隨時隨地配合需要，任何人皆可進行的重要活動。

由於衷心期盼更多人了解這種諮輔精神，且善用於人際關係上，所以才想傳達具有痛苦經驗的個人心聲。我計畫成爲「諮輔的播種者」。然後，立志幫助人們以前述的溝通爲中心，積極建立良好人際關係爲工作。

在此，先說明所謂的諮輔是什麼行爲？

一言以蔽之，「因某人糾纏難解的心之線，而和當事人一起思考，使其覓得解開被糾纏的線索」。當然，一定要當事人要求協助，工作才能開始。以輔導者立場來看，雖已清楚看出當事人心之線嚴重糾纏，但當事人未要求時，也就不必主動援助。或許是本人不覺得心之線糾葛不淸，或者明知有糾葛但不想解開。當他來到面前時，切勿直言「拉這一端看看」，或「使用這方法即可解開」。身爲諮輔師的我們，會在不知不覺中告知對方解開方法。或許已經看到線頭，或不久前自己也曾經驗，因此很想告訴對方解開方法。但是，教導方法是屬於顧問工作。亦即，和consultant（商量）、guidance（輔導）不同。

因此，首先必須讓對方淸楚了解線的糾葛狀態，然後讓對方思考爲何演變至此。亦即，讓對方說出自己的問題何在，然後從含糊狀態說到完全明白爲止。其間，所說的內容不拘。或許對方並未察覺所說的和心裡的眞意不同。可是讓他自己說明當中，狀態就愈來愈明朗。

亦即，耐心傾聽對方叙述的行爲，加上協助對方坦白自己情緒（自我一致），以俾尋找問題點；或者協助對方自己找出問題答案的工作，即爲諮輔工作。

如同前述的人類觀，我相信「人是自己擁有答案」。可是，卻是隱藏的狀態，所以解開其面紗的方法，其實也是其人具有的能力。在不易了解方法（解開法）時，即可予以忠告。不過，不必告知對方答案。假設告知對方答案，或許對方會拒絕。因爲，人在本能上會判斷和自己的不同！所以必須耐心等待。有多少耐性？這是身爲諮輔師的大事。

進行諮輔時，須留意三件事。

其一，**確固自己本身的信念，坦誠對待**。

誠如前述，須凝視自己本身、坦然喜愛自己。率直表現自己情緒，儘量不要有表裡不一的狀態，應該以眞意表現。因爲，只是重視表面化的主張，就無法傾聽他人的心聲。（自我一致）

其二，**接受對方的人**。

對於自己喜歡的人，或價值觀相似者的叙述，我們往往會懷善意傾聽；但是對於印象不佳者、厭惡者或價值觀和自己不同者的陳述，往往就無法用心聆聽。可是，對方會察知你的這種心情，認爲既然缺乏誠意傾聽，也就不願敞開心扉和你接觸。其實我們也是如此，知道自己行爲不對，同時知道對方可能指責自己不當行爲時，就不會敞開心扉和他商量。倒是覺得反正做錯，一定被責備！而關閉心扉。其實這樣是不對。

做雖難，但必須喜愛對方整個人。假設想法不同，但也要努力肯定其人的存在。這就是無條件的正面溝通。（無條件肯定的尊重）

其三，**加以接受，進而產生共鳴**。

使自己的感觸和對方相同。雖然自己感覺的快樂、悲傷和對方不同，但必須以對方高興時你也高興，對方悲傷時你也悲傷爲基本。須努力和對方的感觸相同，不過這的確不易。或許以爲自己已經和對方的感情一致，但事實上其「感情」是自己所認爲的感情，和對方實際的感情有別。總之，和對方的感觸產生共鳴才是重點。（共鳴性理解）

以上三要件都很困難，然而卻是諮輔師的永遠課題、希望姿態、理想態度。一言以蔽之：「在坦誠之下，很祥和地和對方產生共鳴。」

相信各位已了解諮輔的基本意義，而我也確信**尊重自己和尊重他人的態度**，是促進良好人際關係上不可或缺。在此期願，基本上須信賴人、相信可能性，以豐富的人性和人接觸。（我ＯＫ，你也ＯＫ）

(4) 如何成爲好聽衆

誠如前述，諮輔是以傾耳聆聽對方說明爲最重要，接著將探討爲了成爲好的商量對象應有的傾聽態度。其實，傾聽方法凡多，這是學習諮輔課業時，必然會舉例作比較說明。

假設某人找你商量說：「我想辭職」。此時你如何回答？舉例說明如下。

一、爲何辭職？理由？

二、對公司有何不滿？

三、突然說要辭職是不對的，這會困擾人。

四、不要想太多。須知，塞翁失馬，焉知非福。

五、嗯、嗯，是嗎？你想辭職嗎？

一～五的回答各有特徵。以下再作詳述。

一、「為何辭職？理由？」

〔調查診斷的態度〕

調查診斷爲何想辭職的原因。當我們聽到別人的問題時，首先會想到爲何如此。以最初的反應而言，或許這才是最普遍的情形。

二、「對公司有何不滿？」

〔解釋態度〕

覺得想辭職的人可能有什麼不滿，如此單方面的解釋態度。一般而言，發生某事時，以單方面的自己想法做解釋的人頗多。這種看法顯得很狹隘，而且是單方面。亦即，自以爲「必定是～」，或者自斷的態度。

三、「突然説要辭職是不對的，這會困擾人」

〔評價態度〕

「這樣做是不對的」，如此即刻評價的態度。無論評價內容如何，立刻提出自己的價值觀，然後依此基準斷定、評價為「～辭職是不對的」。其實我們在接受商量者商量時，有時會在不知不覺中即刻回答好或不好。

四、「不要想太多。須知，塞翁失馬，焉知非福。」

〔支持態度〕

「不要想太多……」等的支援態度。不是對應對方的辭職作回答，而是利用其他部分作回答。亦即，擱置對方想辭職而煩惱、痛苦的心態。乍看之下似乎很體貼對待對方，但事實上可能徒增其人痛苦。

五、「嗯、嗯，是嗎？你想辭職嗎？」

〔共鳴態度〕

「是嗎？……你想辭職嗎？」只是頷首應和對方，重述一遍，努力理解對方心情的態度。

到底哪一種態度是最理想的態度？其實有人找我們商量時，很容易按照自己想法回應對方所言，諸如為什麼？這是不對的……等等回答。這種方式並未感受到對方的心情，僅以對方所言內容下判斷。將對方是在什麼心境下做說明視為次要，但事實上首要的應該是對方的心。首先必須考慮對方「想辭職的心」。如此一來，就不會回答對方為什麼，或這樣是不對的。同時，「不要想太多……」的回答，乍看之下是很體貼、祥和，但其實不是如此。可說和問題背道而馳，如果重視對方「想……的心」，則應坦然接受對方的心情，因此首先須努力充分理解對方心情。其實在日常生活中我們會察覺，例如孩子向你說事情時，往往會立即想對他說出答案，或者想教導他什麼方法較好，反而很少注意孩子的心情。同時在公司裡，對於前來訴求問題的部屬，上司是否會馬上提出具體答案？……。若是如此，可能會讓部屬覺得「其實我的訴求目的並非如此……」，而心有不滿，甚至讓部屬覺得，或許以後不再向這位上司訴求問題。諮輔師，可說是回答對方認為需要的問題。在服務業方面，常聞對應「需求」，才是諮輔師的最大目的。因此，須清楚聆聽對方是什麼要求，想獲得什麼？「嗯，你想辭職嗎？……」如此對應才妥當。

為了讓對方敞開心扉交談，則須重視對方的心情，誠如前述，純粹、溫暖地表達共鳴。我相信，唯有接受對方整個人，以對等相待時，才能互相成長。再重述一

判斷對方要求什麼爲最重要

次，我們只有在和他人的關係中才能成長。而且，在此成長之下對自己本身才能負責任。同時在自己本身的界限裡，可以選擇自己想要「獲得什麼」，以及選擇自己的生活模式。

相信各位在找人商量時，對方聽完你的說明後立即回答：「這樣可以解決，那樣也可以」，但是你卻覺得：「不對！」或「對我了解不夠！」

我有許多和人交談的機會，而那些人只要對我說話就顯得精神奕奕，最後由自己找出答案。但是，偶爾會發生我看得見，對方卻看不清的情形，因此，在幾次諮輔後，會給與些許建言。

此刻對方會在瞬間以肢體語言表示拒絕

反應，不過還是會「轉換構想」。

所謂諮輔的定義，一言以蔽之，就是「透過語言，或語言以外的溝通方式（動作、表情、眼神），嘗試改變對方行動的人際關係」。

首先，須傾聽對方心聲，才是培養諮輔精神的重點。

在這方面我已努力很久，大概都能好好聽取他人叙述，不過以前我是做不到。前述，我的孩子促使我成長，其中也有發生學習諮輔精神重大影響的事態。即，老大小學六年級時的事。當時六年級每班甄選一名參加由區主辦的「科學教室」（名稱記得是如此）。我的兒子酷愛理科，於是向老師提出申請。老師說：

「回家問母親可否參加。」

聽說兒子曾問過我，可是我絲毫無印象。某日在學校碰到老師，他說：

「聽說你反對兒子參加科學教室。這件事讓眞一君非常失望。」

「沒有啊，沒聽他提起。兒子不曾問過我……」

兒子放學回家後，就急著問他：

「爲什麼沒有清楚告訴媽媽？你應該參加才對！」

「我有對妳說，可是媽媽一邊做事，一邊嗯、嗯回答而已……。我說過好幾次，可是媽媽依舊做事，而只回答『應該還有其他事要做』……」，兒子一面說著，眼淚也禁不住奪眶而出。

我的心也在哭泣。到底還要讓孩子傷心多少次，才能讓自己醒悟？我實在太可悲了。如果當時我能好好凝視對方（孩子），心也朝向孩子，則可感受出孩子的心情……。同時，應該可以掌握住他所發出的SOS訊息……，也能窺出其悲傷的表情……我如此反省。縱然有此反省，但終究無法消弭兒子當時悲傷又難過的心情。

那時，我也切身感覺到自己的心應該朝向對方的心。時機雖然較遲，不過決心開始學習諮輔課程。爲何**犧牲孩子的痛苦**後，才能發覺需要？我還是覺得，要依據孩子才能使自己成長。同時，孩子對父母會比較疏遠、客氣？希望能重返當時，讓我重新再來。不容置喙，我的「老師」是孩子。

諮輔精神，是以對方立場進行思考，從心中由衷接受對方的款待精神（hospitality mind）。

(5) 卓越的領導者，也是優秀的諮輔師

最近，耳聞美國海軍軍官學校將諮輔和面談列爲教科書「NAVAL LEAD

ERSHIP」中的重要部分。傳聞在第二次世界大戰當時，美國海軍沿用集團力學和心理學性手法的諮輔作爲基本教育法。衆所周知，當時日本是依據「滅私奉公」和「大和魂」等，在各組織中教育人們。

最近在我國的企業社會裡，領導能力、管理理論十分發達，可說相當先進。生活於以前吃苦耐勞時代，迄今已屆中老年的人們，必須和被稱爲新人類的年輕人在同職場一起工作，所以必然無法使用傳統的領導力對應他們。

可是，在今日飽食時代長大的孩子，在**心之營養**上是否得到眞正滿足，實在令人置疑。他們應該都希望能在卓越的領導者之下，充分發揮能力，實現自我。所以，領導者和員工雙方，都希望好好建立健康又積極的生活，使職場更充實。在此之下，爲了擁有良好的人際關係，就要具備應用心理學的諮輔性領導力。聽說上班族的最大壓力是人際關係，第二是工作的量與質，第三是對家人或自己患病的不安。

由此可知，人與人的溝通是多麼重要。

最近流傳一句話「職場的心理健康」，此乃意味心之健康。日本對心的健康關心很低，最近才受到重視。不過，誤解的也多。單就職場方面而言，對於處理職場不適應者的方法仍有不少誤解。

在此不討論身心症、神經症等對應法，不過我想告訴各位，這些疾病非一日形成。亦即，最初時期可能只是一個煩惱而已。我想強調的是，那時的最初對應爲最重要。主要是由上司的對應、照顧爲重點。如果此時對應不當，不久後會演變爲身心症、神經症。

爲了避免發生此症狀，希望爲人上司者能了解諮輔精神，進而實踐眞正有效的諮輔。當然，每一位作業人員都擁有諮輔精神最理想。上司叱責部屬時，希望也能**好好傾聽部屬眞正的需求**。今後領導者的良窳，是以能否以自己的心傾向他人的心至何程度來決定。中間管理職者也要解決自己本身的問題，因此會認爲連自己都無法善盡責任，豈能指導部屬？但事實上，應該確固己念、接納部屬爲是。只要最初的對應妥當，即可避免演變爲嚴重問題，甚至發展爲自殺的遠因。問題就是不斷累積煩惱，因此趁著煩惱尚小就加以解決爲最有效。

總之，凡事是早期發現，早期解決爲最理想。

另一項不可犯錯的是，萬一不幸出現不適應職場者時，即使是精神上的疾病，也要和肉體上的疾病相同，以體貼、溫馨的態度對待。那些人因不適應而呈現

「胃」不適時，可以清楚說明症狀，可是對於同原因但出現「神經」症狀者，現實上對應法會因人而異。對應肉體疾病和神經性疾病，應該一視同仁。這種態度也會成爲延宕回歸職場時間的原因之一。以某角度來說，應該以**生病的需要性**「其人應該生病」的心態來對應。因爲其人到了不需要生病時，自然就痊癒。相信各位都能充分了解這道理。

前面介紹過職場領導者應有態度，不過我希望各位能更廣義看待領導的定義。亦即，只要聚集二人以上時，就會有領導性的存在。無論家庭、學校、朋友關係都是如此……，這也表示諮輔精神對任何人都很重要。在某場合地位較低者，或許在另一場合就變成領導地位者，或者有時以父母立場對應孩子般的照顧別人；另外在普通的交談中，立場有時會在瞬間成爲指導者或被指導者。遇到那種場合時，希望各位都能妥善應用諮輔精神和人接觸。

那時最重要的是，正面溝通。無論何時、何地，人都極需溝通，一旦獲得就會很愉快。各位必須努力，俾益隨時隨地都能給與人。

我相信各位的心中隨時可展現「笑容」狀態。放心吧！你已學會了。

第5章 成為辦公室美女的條件

——你的笑容成為企業形象——

辦公室美女的第一條件，絕對是「笑容美人」。即，心時常維持笑容狀態者。在辦公室裡，最先接觸客人的是櫃台服務人員，此時的笑容十分重要。各位可能覺得如此主張是不在話下，也可能覺得窮極無聊之舉，不過我希望再強調，以想像力豐富、頭腦靈敏者爲櫃台服務員爲最理想。

因工作關係，我曾走訪多家公司，而櫃台情形也因公司而異。不是大企業的櫃台就給人好印象，小企業櫃台教育欠佳的情形。整體看來，各企業的櫃台女性教育都非常好，當然也有個人差異，確實是多采多姿。處理事務敏捷當然好，可是容易給人冷漠感。有時會因對應過多客人，而忙得焦頭爛額。即使有充裕時間對應客人，充其量只依教科書模式對應而已，當然會顯得很呆板。同時，我期望櫃台人員以舒暢笑容回報客人的例子不多。或許本人自認在笑，但是看起來又不像。（或許被交代不可露出笑容嗎？）

日本人確實較少笑容，拙於一面微笑，一面交談的技巧。在互相比較之下，任何一家企業都不會給人壞印象，以下介紹給人愉快深刻印象的範例。

某大企業的公司。

在一個強風的日子，我的頭髮被吹得如雜草一般，所以心裡打算先到櫃台交代人到了，之後就到洗手間整理儀容。可是到達公司的時間太晚，已是約定的五分鐘前。

「我是……，請轉告某單位。」

「是的，我馬上聯絡……」櫃台小姐立刻拿起電話。其間，我怕頭髮太亂，所以直接用手整理。

「大約五分鐘就來接妳，請妳先在休息室稍等。」

至此，任何一家企業的接待法皆同。可是，那位小姐微笑著說：

「強風的日子確實令人討厭。」她以關心的眼神說。接著，我也率直問她：

「請問洗手間在哪裡？」心裡也備覺溫馨。

這位櫃台小姐的態度是否正確？或許有人認為不該多言，可是當時的瞬間，我覺得我倆心中似乎產生共鳴，心中備感溫馨，留給我極佳印象。為何如此？因為她已察覺我的感受，使我容易採取自己想做的行動。這情景是無法用語言表達的感受。或許是她本人具有濃厚的人情味，不過確實很適合當時的氣氛。

另一例是，雖非大企業，但是很難事先預約到對方，幾經磋商後才得到對方的約定。其間足足等了三個月，按照約定時間在櫃台自我介紹後，櫃台員就說：

「我們正在等妳。請……」，這使我心裡很高興，因爲讓人覺得他們眞的在等待你來。我本身在自己公司裡等待客人來時，只會向對方說「歡迎」，而不曾說過「正等著你來」。假設不是眞的在等我，但這句確實具有正面溝通效果。當然會讓人高興。

我已強調，櫃台員應該是想像力豐富、頭腦靈敏者。這是因爲她們不僅依教育的方式對應，而且擁有自然做好人際關係的寬大胸懷。在仰賴這些人之下，妥善建立良好的企業形象。其實建立企業形象的人員，不只是入口處的櫃台小姐，一般而言和企業最先接觸的部門，泰半是電話。現代人互相接觸，幾乎都以電話爲開始。如此一來，接聽電話者即爲櫃台員。像這種櫃台員應該是由誰負責？其實可說一切員工隨時都有可能成爲櫃台員。

但是很奇怪，由男性對應的雖不盡人意，不過卻不會影響企業形象；可是，接聽電話機會多的女性，卻容易造成判斷企業形象的基準。無法讓女性員工展現開朗、禮貌的企業，是不可能擁有好形象。不過，最好能讓一切員工隨時可成爲櫃台員，讓他們好好進行心的塑身美容。

(1) 你希望成爲怎樣的人

無論任何工作，其人都能活力充沛，以開朗笑容工作，可能是對工作沒有目標，或對自己人生設有目標使然。

你希望成爲怎樣的人？能馬上回答者可能不多。因爲問題太抽象了。那麼，先想想自己希望成爲怎樣的人？前面章節裡曾做許多自我檢查，現在就做總整理。首先可大分爲二類。你生活的人生是積極？抑是消極？所謂消極，是指自己壓抑自己，或壓抑他人的發展。只躲匿於自己想法的藩籬裡，什麼也不想做的人。例如遲到，便推諉天候或電車擁擠等，完全不求自己有何開發。

至於積極者，是指能讓自己發展者，不會佇留於藩籬中，可以自由依據自己意志和周圍人士交往。

我們暫且稱呼積極者爲勝者、消極者爲敗者。

在過去的人生裡，我們都曾經驗過二者，但今後希望成爲哪種人？只要自己想怎樣做，即可成爲希望的那一類型。選擇權完全在於你本身。

在此，我們來檢視勝者與敗者在行動上的差異。合計共有七項重點。

①時間的使用法

勝者既勤勞又忙碌，不過仍有餘裕。工作集中、作息分明，可能會預測未來，善於綜合性掌握工作，不會把焦點只對準眼前。

與此相對，敗者顯得很忙碌但懶散，作息不分明，以致不停地工作。乍看之下，似乎很努力工作，但效果欠佳，感覺是在惰性之下工作。

②處理問題時的態度

正面挑戰者是勝者。逃避現實、視線經常離開問題、避免自己成爲矛尖攻擊對象者是敗者。殊不知，人必須自己解決問題，積極加以挑戰，切勿逃避說「我不知道」。

③容易發現他人長處者是勝者

其實人都有短處和長處，而能很快看出他人長處者是了不起的人，與此相反，有人是馬上看出他人缺點，並加以批評。

這種人不僅自己，連周圍的人都無法成長。可以儘快看出他人長處並加以讚美，是很重要的態度。這就是前述的正面溝通。他們都很明白，即使是負面的也能改變爲正面溝通。

④失敗是在所難免，但有人會加以辯駁

即自我辯護。不過，這是敗者行爲。爲了表示自己是優秀的，完全爲了坦護自己的辯護。這是非常「卑劣」的行爲。與此相對，勝者會以客觀說明事情，問題點也隨之明確化。如此般，有時因一種失敗卻可成爲下次行動的目標，因而更明確了解應有的作爲。可是，未掌握前述的自我狀態A，就無法做到。經常自我辯駁者，常常會使用3D的語句。「因爲、可是、反正」。（有時在不知不覺中我也會用這些語句，而覺得很尷尬。）

⑤行動不積極者

不想失敗，即畏懼失敗而不行動者。的確，不採取行動是不可能有失敗，當然也不會犯錯。可是，不採取行動當然不會有成功。勝者是不畏懼失敗。至於敗者，是畏懼失敗和他人之言。希望擊出全壘打，可是不站在打擊區是不可能擊出全壘打。

⑥絕不超過自己工作範圍者

有人不只沒有超過，甚至完全不知工作範圍。能夠淸楚了解自己現在工作的意義及價值，也知道在工作流程上接著會遇到什麼狀況，然後會思考完成自己目前的工作，就比較容易達成下一步驟的人，就是勝者。至於敗者，只完成自己現在的工作，察覺不出範圍以外的工作；即使察覺，也不會積極進行自己範圍外的工作，這一類人很容易在工作流程上停滯。

瞭解流程者，就是能以對方立場完成工作者。因為清楚瞭解自己現在應該做什麼——可說是款待之心。

⑦最後，要特別強調問題。在此之下，人會邁向迥然有別的二條路

有人在做事時，會朝向問題的難處，即焦點對準困難部分進行思考。結果認為「所以不行……沒辦法完成」。各位必須將焦點對準可能性進行思考。

如此一來，令人匪夷所思，人的熱能會朝向可能性的方向前進。因此，希望探索可能性、希望以眼睛尋找時，必然可發現許多可能性。有否如此作為，將成為人生的勝者或敗者的關鍵所在。

自認不行，就會不行；自認ＯＫ，就會ＯＫ。請你站在這二條分叉路上，由你自己好好選擇，應該選擇哪一條路？路是由你自己選擇，同時任由你自己自由達成。一切決定完全在你自己。

(2) 創造你的生命巧克力棒

你希望成爲怎樣的人？是否明確化？接下來，我們將說明人生設計（參照一四八頁）。對人生有否設立目標？同時有否建立生命形象？由此顯出的個人美會有雲泥之別。爲了擁有「心之笑容」，就要妥善建立生命形象，同時創作自己獨特的人生巧克力棒。成品是美味？抑是索然無味？關鍵在於你的設計模式。

首先是P．P．F檢查。所謂P．P．F檢查，是指檢查PAST（過去發生的事）、PRESENT（現狀）、FUTURE（將來）。

過去有否讓你耿耿於懷的往事？或有否問題？由於尚未解決，以致無法向下一步驟前進，進而陷入困境嗎？

同時，有否重蹈覆轍而不斷失敗？仔細思考後寫出。請逐條寫出你所在意的事，而且逐一寫出說明和解決方法。若解釋和自己意志相違，或未解決，則須先獲得正確答案。

接下來，要開始製作生命巧克力棒。

這是你獨創的巧克力棒。首先，決定長度。所謂長度，是指希望活多少歲。其

製作生命形象、人生劇本

〔檢查重點〕

1.　從現在算起 5 年後，你認爲自己會做什麼？

2.　從現在算起的10年後，你想做什麼事？

3.　希望一生從事什麼事？

4.　對經濟性的儲蓄有何看法？

5.　想活到幾歲？希望以什麼模式生活？

人生的悲劇，不在於無法達成目標，
而在於未持有目標

次，決定厚度。以工作爲基本，希望從事到幾歲？此時，此期間工作以外的事項，都逐一加一疊高。例如，爲了自我投資而參加某些研究會。或者爲了擴大嗜好而參加技藝。逐一疊高你所想到的，以加大厚度。你所完成的巧克力棒如何？然後，現在的你正處於這支巧克力棒的哪個位置？長度所剩多少？你已完成在這世界裡只有你才有的一支獨創巧克力棒。你認爲人生六十歲就夠了，那麼你可能只會活到大約那長度的年齡。倘若不積極生活，則你所製作的將是厚度薄又微小的巧克力棒。

這支巧克力棒是一層一層疊高的模式，但現在要逐一切開看看。一面著色，一面深入思考。首先是工作，過去三年期間從事什麼？五年後又想做什麼？

與此相同，過去熱衷什麼嗜好？希望能再持續幾年？……在自我投資上，過去曾做過什麼，今後希望再補充什麼？

涵蓋這一切，在經濟上有否困難？至於要裹住巧克力棒的巧克力，就是**你的「豐富笑容」**。倘若製作不紮實，則特地製作的巧克力棒將會崩壞。反之，應該如何避免巧克力棒毀壞？

接著，是從令人懷念的過去，轉換爲現在輝煌的日子。

最後，爲了掌握未來希望之星的日子，確實建立能夠成功的意志。

製作生命巧克力棒

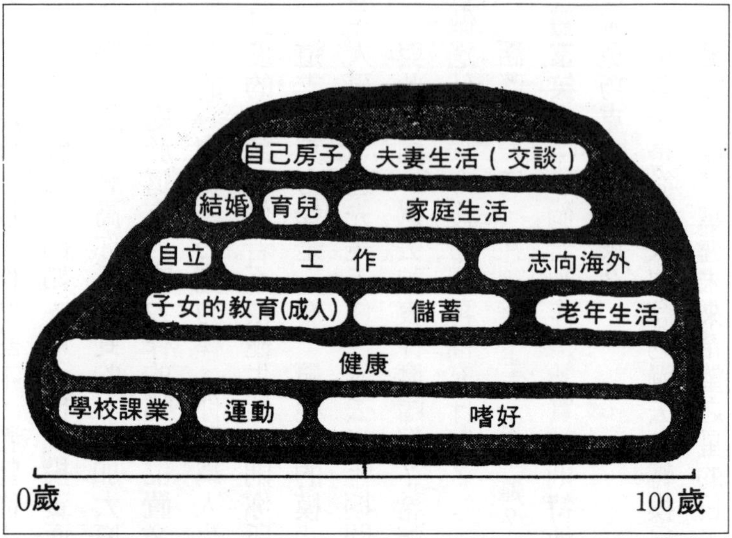

具體思考你的人生劇本。請自由製作一支厚厚的生命巧克力棒。

你・希望活幾歲？
・現在幾歲？
・學生時代有幾年？
・有否工作？
什麼工作？
幾歲開始工作？
現在第幾年？
今後想再做幾年？
・結婚？
夫妻生活、生產、育子、家庭生活
・儲蓄？
經濟性的儲蓄、精神性的儲蓄
・自己房子的夢？
・自我投資？
・嗜好？
・運動？
・希望學習什麼？
・健康如何？
・對自己而言，老年生活從幾歲開始？
・終生想從事的是什麼事？
・有否必須完成的事？

我的生命巧克力棒

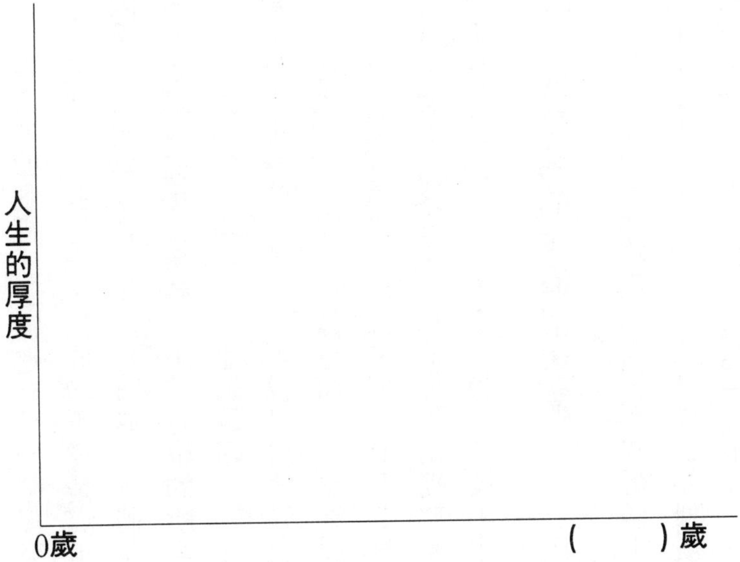

備忘

在心和頭腦裡，確實建立「什麼程度的成功」「以什麼事獲得成功」的成功意志。若未形成此意志，則成功不啻是海市蜃樓。但是，如果形成意志，則必成功。因爲，人的熱能必朝此方向前進。我們在心中懷有一種意志，而且相信無疑時，或者必須選擇從事一事時，不可思議的所選擇的幾乎都很接近意志。

常言「好幸運」，「運氣眞好」，其實這不是好幸運或運氣好，而是自己在不知不覺中選擇的。同時，可說是自然看出你需要什麼。

傳說「幸運女神只露留海」，能掌握機會者，是擁有確固成功意志者。

你希望成爲怎樣的人？完成ＰＰＦ檢查，而你所獨創的生命巧克力棒似乎也已完成，擁有這支巧克力棒的你，已綻放光芒。辦公室美女的重點，在於有否確立自己本身的基本態度和未來理想。然後，才能產生笑容。

(3) 同事間的溝通很重要

將一家公司比喻爲一大塊花式蛋糕——。然後從某處切開取食，食用結果，心想不是很美味。此時，食用者應該如何處理？把它丟了，可是剩餘的怎麼辦？還要再吃其他部分嗎？除非是另一塊蛋糕，否則相同蛋糕的其他部分仍然會像剛才的一

公司形象的良窳，是因對應而異

樣全部丟棄。

「現在切的這一片不好吃，但其他部分可能很美味」，絕對不會這麼認爲。

接著，你認爲這個人會採取什麼行動？可能會告訴別人蛋糕不好吃。傳說人對自己厭惡之事感覺得不好的事，會向二十二人提起。再將「蛋糕」比喻爲「公司」。假設一家公司的某課氣氛非常愉快，每一人都活力充沛的工作；可是在另一課裡只會聽到抱怨聲，同事之間都處在冷戰之中。

不巧，不知從何處打來電話，氣氛陰霾的這一課的同事們，會如何對應外來的電話？絕對無法和氣對應電話，煩燥的心情一定會傳給對方。

這表示對方吃到不美味的蛋糕，結果會向二十二人說明這情形。

「〇〇公司給人印象不佳，員工對應電話很不客氣。」如此一來，那家企業的壞形象自然不脛而走，至於傳播好消息時，會向幾個人提起？聽說只有七人，換言之，壞消息會傳得更廣……。

無論刀子從何處切入，都同樣可以善盡對應事宜，則全員須維持良好溝通方可獲致。以成爲辦公室美女爲目標者可能會說：

「我是無時不刻擁有良好禮儀，可是某人卻做不好。」其實只要一人不守準則，整體形象就會受影響，甚至轉壞，之所以會有這種人，其實是你（每一人）所造成的。

請勿誤解。切勿以爲只要警告對方，即可矯正對方不當行爲。

周圍（他人）和過去是不會發生變化，需要改變的是你。所謂你需要改變，是指千萬別想改變對方。務必時常以相同的和氣、正面溝通和對方接觸，過去你想忠告對方使其改變，但即使現在沒做，對方一定也會有所改變，對方是依據自己的意志改變。一直給與對方負面溝通之間，對方必然不會有所改變；但是持續傳送正面溝通，對方就會了解你。

如此般的辦公室美女，將使公司整體的氣氛爲之丕變。

當然，公司整體都能了解諮輔精神爲最理想。縱然無法臻此境地，只要你有改變，周圍也會隨之逐漸轉好。如果周圍人們看到你，就會想到把職場改變爲任何切法都是美味的蛋糕，則爲最理想的狀態。

(4) 加一運動

爲了追求明日的辦公室美女，在此向你提出一項建議。希望透過你的金口推廣加一運動。

所謂加一運動，是指每日在職場裡彼此給與對方多一個正面溝通的運動。相信在過去的職場裡，曾做過種種努力使自己擁有良好的人際關係。例如很熱誠和人寒暄，或以開朗語調回答「是的」，或用心影印以求完美，或將完成的影印，用釘書機一份份整理妥當等等努力。而在此我所要提議的是有關人際關係方面，凡是和其人有直接關係的事都能積極給與正面溝通。此作爲對每一人都是一視同仁，所以假設在職場裡（一個房間裡）有十位同事，則須個別給與一個溝通。在此之外，就要給與十個溝通。

- 「今天的領帶好有特色。」
- 「你的襯衫總是筆挺、乾淨。」
- 「字跡很清楚，讓人容易閱讀。」
- 「笑容非常燦爛。」
- 「謝謝你幫我沏茶。」
- 「聽到你說『早安』，令人愉悅。」
- 「你的辦公桌總是很整潔。」
- 「對應電話讓人有好感。」
- 「你的髮型變了。」
- 「你的影印工作很完美。」

無論讚美什麼都可以。總之，是給人正面溝通。表面看來似乎不具重要意義，不過如果你常這麼做，相信周圍人士必定有所改變，雖然你的溝通只給一人，但其他人也都聽到。雖然不是自己接到的，可是只看到別人給與他人正面溝通時，自己也會覺得高興。若能如此作爲，則周圍人們也會起而效之。即使是默默進行，同樣有此效果。能夠振臂疾呼「大家一起進行加一運動」，然後確實在職場實踐爲最理想。

同時，不限於職場，連家庭、朋友關係等一切的人際關係上皆可適用。親子、夫妻、朋友之間亦可。

加一運動！你知道最有效的正面溝通是什麼？對，「笑容」。只要展現「笑容」，即可獲得正面溝通效果。

(5) 電話同樣可傳達笑容

和人面對面交談時，其人表情會傳達給對方，所以比較容易被對方接受；但是電話只有聲音，所以會擔心對方有所誤會。由於看不到動作，所以不容易傳達你的心意，但事實上會全部傳給對方。因此，能夠透過電話將笑容傳給對方爲最理想。

前文說過，電話同樣具有櫃台性質，因此務必愼重對應。

過去，我曾有如此經驗。有一次，我打電話到某人壽保險公司，接電話的是一位男士。

「○○正在開早會，請十分鐘後再打來。」這讓我相當不快。或許對方眞的很忙，不方便接電話。但是，如果我想投保幾千萬圓時，將會如何？一定改變主意，再找別家投保。

如果是接到顧客電話，則接聽者應該說：「等一會兒由公司打電話給你，請問你的電話號碼……」，這才是一般禮節。聽到對方如此回答，我們可能會說等一會兒我再打來，或者現在我在外面，等以後再打。這是以客戶至上的人壽保險公司最嚴重的失敗。我想他們平常的對應方法應該不是這樣，可是接聽電話態度的好壞，將關係幾千萬、幾億的商談成功與否。

另外，接聽電話者在固定模式下都能妥善對應，可是一旦發生罕見問題時，語調就會突然轉變，此時，切勿呆板，避免基本上的心態有所動搖爲最重要。

在此，略述打電話和接聽電話的方法。

其實在打或接電話之際，也要愼重對待電話機本身。電話可說是你的，或接聽者的臉孔部位，因此務必妥當對待電話。

●有否時常保持乾淨？

如果電話污穢，連自己或對方的客人看起來也會骯髒。

●你的周圍有否整潔？

電話是否隨意擱在攤開的文件上？或斜放在方形電話架上？

●有否準備筆和便條紙？

接到電話，開始交談後才匆忙尋找筆和便條紙的窘態，會立刻傳給對方。

●妥善維護電話。

切勿用力擱放話筒，而且移動電話時避免拉扯話線。

這是對待電話的基本注意事項，須多加留意。

其次，是打電話時的五項重點。

一、釐清要傳達的事項

以為腦裡很明白內容，但實際交談後往往顛三倒四，或傳達不夠正確。因此，務必明載於便條紙上。你知道何謂5W2H？以此為基本，清楚寫在便條紙上。

二、電話號碼正確，而且親自撥號

一般都能暗記常打的電話號碼，但偶爾也會臨時忘記，所以要有確認號碼習慣。同時，電話簿要放在電話旁邊。另外，請人代撥再接的行為，對對方有失禮儀，應該由自己來打才對。

三、確認對象，且報上自己姓名

因工作關係和企業電話聯絡時，對方都會道明公司名稱，有時會聽不清楚或撥錯電話，所以必須先確認無誤後，再報上自己姓名。若未確認就直接交談，有時話題就會完全偏向。有時甚至有公司名稱、接聽者、談話內容都類似的時候，結果雙方居然能交談到某程度而毫無察覺。其實我也曾發生過類似尷尬的經驗。首先，電話號碼就錯了。確實翻閱電話簿查看，可是卻撥到下一行的號碼，而且兩家公司名稱接近，更巧的是所找對象的姓名也相似。

「前些日子感謝你的熱情款待，那時提到的日程問題……」，由於不久前確實和對方見過面，所以交談也很順利，可是做具體商量時，才發現找錯人。其實這一類情形屢見不鮮。可是別忘了，務必先確認對方無誤。

四、別忘了，電話是由你單方面打給對方

電話是在對方不預期之下突然由你單方面插隊撥入，如果商量時間需要較久，或內容較複雜時，必須先詢問對方「現在有否時間談話？」如果對方很忙碌，則說：

「可否撥五分鐘給我？」清楚表示自己所需時間，且獲得對方首肯才行，如果

對方無暇交談時，切勿堅持繼續交談，應該表示以後再打。總之，務必顧慮對方立場。

五、對方切斷後，你再切斷

既然由你打電話給對方，就要確認對方掛掉電話後，你才可以掛掉聽筒。聽說有人不守這條規則，而讓對方很不高興，甚至影響應該會成功的商談，曾有某旅行社打電話給客戶，可能不是全然以先掛電話爲原因，但也成爲被拒絕的要因，客戶終止和該公司的契約，轉而參加別公司的團體旅行。殊不知，只是些許不注意，可能導致全盤的壞印象就得不償失了。

至於，企業內部接電話的機會是多於打電話，而且受對方評價的機會也多。打電話時只要準備充分即可，但接電話往往是不預期的，而且內容各異，因此對應電話一定要很慎重。在此說明接聽電話的五項重點。

電話鈴聲大鳴。首先，以微笑面對電話，在「笑容」之下拿起電話，這一點最重要。然後——

一、迅速以左手拿起話筒

如果你是企業的員工，應該只讓鈴聲響一次就接起來，最多是二聲。如果響三聲才接，別忘了說「對不起，讓你久等。」右手有否備妥筆和便條紙？左手拿話筒，右手拿筆和便條紙。

二、先報公司名稱

「是的，〇〇公司。」

應該可以很順暢說出自己公司名稱。可是如果不習慣，就會不順暢。有時甚至會省略公司名稱，不過還是清楚表達才顯得親切。如果省略公司名稱，有時會讓對方以為打錯而造成困擾。然後別忘了寒暄。

「時常受到你的照顧，謝謝！」

三、先報自己姓名，再對對方姓名

有人在你說出自己姓名之前，就急著說「請找〇〇人」。禮貌上應該先說明自己是誰後，再問對方「請問你是哪一位？」

當對方說「我是〇〇」時，須再確認一次，以免錯誤。

當電話轉接給你時，要特別留意。必須先報自己姓名，再聽對方要說什麼。

順暢的聯絡重點

四、別忘了重述要點

一面聆聽對方所言，一面記在便條紙上，之後再用自己的話確認一遍。有時自己的記憶會很意外的錯誤，所以必須再確認重要部分，前記的5W2H爲基準。同時被委託轉告時，先重複內容，且說「我一定會轉告。」如此一來對方才能安心。

五、別忘記說「謝謝！」

要切斷電話時，再加一句「謝謝你！」這句話會讓通話在愉快氣氛下結束。當然，隨便切斷電話，可能會造成遺憾，因此務必愼重。

「謝謝你的電話聯絡。」

說這句話時，你的笑容是否透過電話傳給對方？

在電話中，你的笑容應該傳給對方。

(6) 迎接客人時

至於應該如何迎接客人？讓我們來想像一下。有否做好心理準備？首先，須熟記能順暢表達的介紹語句。

☆必須熟記七句話

一、客人
二、是的
三、謝謝你
四、歡迎光臨
五、讓你久等了
六、我知道
七、對不起

如此般，以給人良好印象的語調說說看。

☆待客之際的說話重點

一、看著對方雙眸，展現笑容

如同第一章所述，應用「笑容訓練法」。

1. ．看著對方雙眸
2. ．抬起面頰（微笑）

3.・（發聲）早安、歡迎光臨……等

其實不必特別畫分1、2、3的動作，不過無法率直展現笑容，或情緒欠佳覺得苦惱時，則須記住1、2、3的畫分，且在心中命令自己，如此即可自然發聲。同時，可以一起展現笑容。練習面頰往上抬，嘴角就會自然上揚，而形成笑容的形態。當然，由衷的自然微笑爲最理想。可是做不到時，就要熟記1、2、3的動作。

二、成爲好聽衆

以二個耳朵用心聆聽對方說話。不只是聽，而是用心傾聽。耳朵貼著對方的心來聽。當自己想說一句話時，必須先聽對方的二句話。

三、確認內容

以爲很清楚客人所言，但有時會判斷錯誤，或聽錯，所以必須確認內容。因爲，對方知道自己的話、委託的事，正確傳達給你之後，才能安心。反之，當你拜訪別家公司，心裡存疑不知對方是否完全理解自己所言，而且從對方表情看不出什麼自信時，自己內心就會很不安，而且會認爲「委託他可靠嗎？」

四、注意音量、快慢

我們都會認爲以平常語調說話最好，可是當對方覺得太慢或太快時，就會造成他的困擾。原則上，須配合對方聲音的大小和音量。至於快慢，也要配合對方爲佳。聲音的高度，是維持比對方高度稍低程度說話，可讓對方感覺舒適。

五、明確話的目的

傾聽對方的話時，當然要以前述的5W2H爲中心，明確話的目的，以及將內容明確傳達給對方。有人和客人面對洽談時，因無法做主而數次要求「請稍等」，然後逐一詢問上司意見。

事實上，傳達方法和個人頭腦的好壞有密切的關係。

六、使用對方能理解的語言

有人開口說的，居然是自己公司才通用的專門用語。這會讓人很不愉快。專門用語等簡化的語言，會讓人不了解意義，接受的一方會很不高興，爲了尊重客人，應該使用對方理解的語言爲要。

七、使用拜託語氣拒絕

如果無法接受客人要求，必須拒絕時，切勿露骨表示不同意，而以「……可以改用這方法？」等拜託語句，提出代替案爲最理想。

「無法按照你的要求，不過我們有××代替案，不知可否改變？」

「○○已被預約，不過××可能會讓你更滿意」等，以拜託語氣提出提案爲佳。

接下來，將說明迎接客人時的重點。注意事項繁多，無法一一列出，在此僅列舉一○項基準與重點。其餘請各位自己研究。

☆迎接客人時的十項重點

一、馬上起立，展露微笑敬禮寒暄

看到客人走到入口時，立即離座走向客人。很不可思議，只要猶豫一秒鐘，客人就會敏感覺得不受歡迎。尤其聽到你對鄰人說「由你接待吧！」會更加不快。櫃台員是以接待客人爲主要工作，因此應該可以隨時對應，由於客人到你的職場是屬於不速之客，因此請各位回想前文的蛋糕事例。不論在何時、從何處用刀切入，應該都能表現很美味的接待方式。然後，笑容爲第一要件，接著是寒暄，也要加一句「歡迎光臨」。

自古，人們就很重視寒暄，請各位務必牢記。

1. ・明朗笑容
2. ・隨時隨地對任何人
3. ・由你先向客人寒暄
4. ・每日持續

寒暄時，臉帶笑容，由你主動先向對方寒暄。不要只做一日，而需（每日）持續。在此之下，才能誠心向人寒暄。如果再加句話，例如氣候方面的寒暄會更理想。

「今天天氣眞熱」「今天好冷」「外面的風很冷」等。

二、以兩手，在胸部位置接受名片

一定要以雙手領受客人的名片。名片是代表其人「臉孔」，因此務必尊重。避免將名片馬上放入口袋，作便條紙用或弄縐。

若想放在桌上時，應該整齊放在右手邊。切勿斜放，也不可作書籤用。

三、復唱對方姓名，以俾正確

雙方很熟悉，是不會錯叫姓名。每個人的姓名都具有個性，如果無法正確呼叫會令人嫌惡。所以不是很確定時，還是再確認一遍比較不失禮。

「○○公司的××先生嗎？」復唱。可是對於已見過二次面的人，應該已牢記在心才對。

四、確認對方指定的訪問者

如同確認訪客的姓名，須確定對方指定的訪問者。如果課名相似，但不同單位；或同課有兩位同姓時，就要確認名字才不會張冠李戴，轉達時務必愼重，才能留給客人好印象。

五、帶路時，自己要走在二、三步前

帶路時，自己要走在客人稍前方。當然不可快步疾走，或爲了表示尊重客人而走在後方。應該走在二、三步前，並注意足下有何障礙物。若因工程難行、或樓梯太窄、太陡時，須提醒對方小心行走。

六、搭乘電梯客人優先

搭乘電梯的禮節是，客人先上，抵達時客人先下。至於男、女的場合，男性先上，抵達時女性先下。如果妳是男性，或許男客就會依一般禮節自己先上；至於外國人，或許會以「女性優先」。所以，須因時因地臨機應變。

七、先介紹自己公司人員

向客人介紹公司人員時，必須由自己這一方先作介紹。不是自我介紹，而是身爲介紹者應留意的事項。須牢記一般介紹時的法則。無論什麼場合，應該向長輩介紹晚輩，且先介紹自己這一方的人員。向朋友介紹另一位朋友時，如果年齡有上下之分，則向上方介紹下方；或將自己較親密的一方介紹給較生疏的一方。但在企業裡，自己公司人員有二位以上時，先介紹職位高者：

「這是○○經理，這是××課長。」

然後介紹對方：

這是「○○公司的××經理。」亦即，介紹客人時，原則上須冠上頭銜。

八、勸坐上座

請客人坐上座。有沙發椅和個人椅時，請客人坐沙發椅。離門較遠的一方，爲上座。客人入座後，須端出美味的茗茶。端茶姿勢是，腰放低至茶几高度才端上。別忘了隨手遞上清潔紙巾。

九、牢記談話內容

一起參加商量時，必須隨手做記錄，以免事後須猜測，凡有不明確的部分須即時提出詢問。至於問法已重複說過數次，即以5W2H爲基本。在此建議各位和客人商量時，別忘了使用5W3H。即5W2H＋HOW MANY（量）。

十、送客後，立刻做整理

不要只收拾茶具，而須查看客人有否遺忘物品。重要的文件類大概不會忘記，但手帳、筆或眼鏡盒就會常常忘記。能儘早發現，或許可趕在客人搭車離去前，甚至可趕在玄關之前。如此一來，客人一定很高興。如此般只是一些顧慮，給人印象就會產生大差距。

行禮方法

至於迎接客人時的笑容，能否一直保持到客人離去。須知，心之笑容是服務上至高要件。

其次，簡述行禮方法。

☆行禮方法

① 脊椎和腰挺直
② 雙腿併攏
③ 兩手互疊輕輕放在身體前方
④ 腰部上方前傾
⑤ 注目對方眼睛
⑥ 須注意速度，避免太快或太慢
⑦ 一般的深度是三十度

十五度　──→頷首（在走廊上擦身而過時）
四十五度──→特別懇切的行禮（道歉或委託等特別場合）。

但是，只是學習形式仍嫌不足，須由衷敬禮爲最理想。

⑧別忘了加一句話

「歡迎光臨！」

「早安！」

此時，也要留意和對方的距離。人和人的距離，會很微妙表現心理上的安心感和親近感。如同臉貼著臉十分接近行禮時，表示關係十分親密，可是距離過遠時，會給人冷漠感。距離，在國民性、種族性方面也有差異。寒冷國家的人民喜歡遠距離，溽暑國家的百姓似乎是肌膚相親會比較安心。常來企業的客人，是不必太在意彼此間的距離，但是有外國人來訪時，則須留意。

(7) 什麼最重要

前述的電話打法、接法或迎接客人時的重點，以及其他注意事項中，何者最重要？當然，全部都不可忽略，不過最重要的是人本身的態度。

我們給與人印象的要素，以及和人溝通上的要素到底是什麼？亦即，我們是用什麼方法和他人維持關係、如何將意念傳達給對方，同時讓對方印象最深刻的是什麼？

再度檢討第三章

一、語言

二、說話方法

三、肢體語言

給與他人印象的三要素比率，依順序分別是七％、三十八％、五十五％。只是語言不會留給對方任何印象。亦即，無法傳達什麼印象。語言加上說話方法不及一半比率，只有四十五％。給人印象最強烈的是，由其人表現的動作、眼神、臉部表情、服裝等。亦即，其人本身的一切。這會留給對方深刻印象。好的語言但未隨伴心，是無法留給對方好印象。可是沒有語言而只用動作，則可傳達一半以上印象。只是哂然一笑，你的形象就會深深浸入對方心中。

由此可知，由其人本身溢出的是多麼重要。

請務必讓你的心一直維持豐富狀態。

(8) 總論——何謂辦公室美女

現在，做全文總論，我是以人人都能成爲辦公室美女爲主題撰寫本書。何謂辦公室美女？以下做最後整理。

一、笑容美女為第一

在辦公室最美的，就是不斷展現笑容者。前文已提過，所謂笑容非身體性的狀態，而是心的狀態。唯有時常保持如此的心狀態，才是第一條件。時時保持該狀態者，必是積極者，即人生的勝者，不僅工作上需要，一切事物上都需要。單就工作而言，能積極工作才能洞察未來，同時顧慮周全，因此可成爲頂尖的工作協調者。不僅自己工作順心，連周圍的人也能順利工作，而掌握整體。在此之下，可說無事不克。

例如，製作報告書、操作文書處理機、發送FAX等，都自然順利完成。亦即，不是一開始就會順利，而是積極挑戰，努力了解一項後，其後之道自然展開。不過，絕非在自然之下被開拓。請各位回想前述勝者和敗者檢查重點的第七項。亦即，追求可能性的態度。

切勿一味執著於行不通的方向，而須追求自己能力所及之事，答案自然逐一出現。不過，須以「心維持笑容狀態」爲首要。

二、懷有閃爍希望之星者

亦即，確實擁有希望之星、目標者。用心凝視自己本身、了解自己，然後清楚了解自己想做什麼、爲何生存、生存意義是什麼？所謂擁有確切的人生目標，就是因爲有理想，每日都充實生活，才能由衷覺得工作有趣，不會對工作產生不滿和抱怨。因爲，了解自己生存上所需，同時是達成目標的過程。這些人在工作時，都會認爲工作多麼有趣。

他們是擁有明確的工作觀和人生觀。亦即，懷有閃爍星星者。雖然他人看不清這顆星，但本人卻清楚了解其光芒。心中欠缺這顆星的人，每日都會生活在晦暗中。尚未發現者，須儘快用心尋覓。

三、改變周圍者

此乃意味擁有能力改變自己者。妄想改變他人、周圍的人，終究徒勞無功。清楚了解自己、自己所好、以及自己人生目標者，是一位已改變自己，或可以改變自己的人。這些人會變成怎樣？在其人之力之下，周圍也會隨之變化。可是愛批評他人，或假如沒有那位課長……唉，工作太無聊……如此般，始終將問題推諉給自己以外的周圍人們，則其人生將會停滯不前，而且周圍同樣不會改變。以諮輔精神和人接觸者，可持續將正面溝通傳送給周圍人們，其人的周圍也會爲之轉變。如果你是一位尊重他人、不評批人、廣泛擁有良好人際關係以及和人忠實交往的辦公室美女，則辦公室必定因你而變。

你是擁有如此能力，請務必重視諮輔精神和溝通。

就我個人認爲，確信以上三項才是辦公室美女的條件。恁誰皆可成爲辦公室美女。成爲辦公室美女、笑容美女的你，一定會成爲家人、朋友熱愛的魅力者。當然，你本身也會成爲衆人矚目的閃爍星星。

笑容，
是不花錢、廉價的
恁誰皆可表現
即使不斷給與人也不會減少
不僅如此，

獲得者會變得更充實
瞬間的笑容，使接受者終生難忘
切勿吝惜，慷慨給與吧
給與愈多
你會顯得愈美
不是他人的，而是你自己的笑容
這樣的笑容，
會成為一切人的笑容之源
悲傷者
寂寥者
苦惱者
心豐的笑容，是最能慰藉他人的溝通
最理想的溝通，就是笑容

後記

我也料不到這本書居然能付梓出版。只能說是小小的自我主張，然而卻能出版作為自己人生在世的佐證，堪稱至上之喜。

我的期望——時常對人展現慈愛的「笑容」——對自己、對他人皆是。

以如此心願完成本書的現在，有了一項發現。

亦即，在過去自己的人生中，獲得許許多多人的正面溝通。

首先是家人，可說毫無怨言地支援我所希望進行的事，朋友也不斷給我溫暖與鼓勵。工作關係上的人員也大力支援我。另外，我所任教學校的學生也贈送許多鼓勵我的禮物。由於如此，自己才能一直保有笑容。我切身感覺到自己的笑容是因周圍人們的鼎力相助而形成。

在此由衷感謝大家。

另外，是神讓我有幸認識那麼多出色的人，所以也要向神說聲謝謝！即將屆臨的二十一世紀，可能會成為高齡化更進展的社會。當然，我們也會身在其中，所以才需要有更深一層的心交流和接觸。

為了報答過去許多人給與我的正面溝通，我想持續對更多人傳送正面溝通。如此一來，可成為我所渴望描繪的「笑容時代」的第一步。我相信生活於二十一世紀人類社會的護照，就是笑容。希望全日本、全世界的人都能持有此護照。（甚至宇宙——或許太誇張了。）

「想向人傾吐心事」——你曾有過如此煩惱嗎？

我所任職的溝通企畫公司，是將諮輔室『HOT SPACE』設立於左記場所。設若你有什麼問題煩惱時，或許我們可以協助你展露微笑加以解決，歡迎隨時來找我們相談。（要預約，費用——一次五十分）

日本國東京都品川區西五反田二——一四——一〇　五反田住宅

區508「HOT SPACE」
電話03・3490・8707
〔預約時間〕星期一～五　上午10時～下午4時
〔相談時間〕每週二、四　下午5時～9時

最後，為了讓本書出版，我曾參考許多的出版物、資料等。在此對於給我種種建言、協助者，致上由衷感謝。

同時，也感謝閱讀本書的諸方讀者。

著者

大展出版社有限公司	圖書目錄

地址：台北市北投區(石牌)
致遠一路二段12巷1號
郵撥：0166955～1
電話：(02)28236031
28236033
傳真：(02)28272069

・法律專欄連載・電腦編號58

台大法學院 法律學系／策劃
法律服務社／編著

1. 別讓您的權利睡著了 1　200元
2. 別讓您的權利睡著了 2　200元

・秘傳占卜系列・電腦編號14

1.	手相術	淺野八郎著	180元
2.	人相術	淺野八郎著	150元
3.	西洋占星術	淺野八郎著	180元
4.	中國神奇占卜	淺野八郎著	150元
5.	夢判斷	淺野八郎著	150元
6.	前世、來世占卜	淺野八郎著	150元
7.	法國式血型學	淺野八郎著	150元
8.	靈感、符咒學	淺野八郎著	150元
9.	紙牌占卜學	淺野八郎著	150元
10.	ESP超能力占卜	淺野八郎著	150元
11.	猶太數的秘術	淺野八郎著	150元
12.	新心理測驗	淺野八郎著	160元
13.	塔羅牌預言秘法	淺野八郎著	200元

・趣味心理講座・電腦編號15

1.	性格測驗① 探索男與女	淺野八郎著	140元
2.	性格測驗② 透視人心奧秘	淺野八郎著	140元
3.	性格測驗③ 發現陌生的自己	淺野八郎著	140元
4.	性格測驗④ 發現你的真面目	淺野八郎著	140元
5.	性格測驗⑤ 讓你們吃驚	淺野八郎著	140元
6.	性格測驗⑥ 洞穿心理盲點	淺野八郎著	140元
7.	性格測驗⑦ 探索對方心理	淺野八郎著	140元
8.	性格測驗⑧ 由吃認識自己	淺野八郎著	160元
9.	性格測驗⑨ 戀愛知多少	淺野八郎著	160元
10.	性格測驗⑩ 由裝扮瞭解人心	淺野八郎著	160元

11. 性格測驗⑪ 敲開內心玄機　淺野八郎著　140元
12. 性格測驗⑫ 透視你的未來　淺野八郎著　160元
13. 血型與你的一生　淺野八郎著　160元
14. 趣味推理遊戲　淺野八郎著　160元
15. 行為語言解析　淺野八郎著　160元

・婦幼天地・電腦編號 16

1. 八萬人減肥成果　黃靜香譯　180元
2. 三分鐘減肥體操　楊鴻儒譯　150元
3. 窈窕淑女美髮秘訣　柯素娥譯　130元
4. 使妳更迷人　成　玉譯　130元
5. 女性的更年期　官舒妍編譯　160元
6. 胎內育兒法　李玉瓊編譯　150元
7. 早產兒袋鼠式護理　唐岱蘭譯　200元
8. 初次懷孕與生產　婦幼天地編譯組　180元
9. 初次育兒 12 個月　婦幼天地編譯組　180元
10. 斷乳食與幼兒食　婦幼天地編譯組　180元
11. 培養幼兒能力與性向　婦幼天地編譯組　180元
12. 培養幼兒創造力的玩具與遊戲　婦幼天地編譯組　180元
13. 幼兒的症狀與疾病　婦幼天地編譯組　180元
14. 腿部苗條健美法　婦幼天地編譯組　180元
15. 女性腰痛別忽視　婦幼天地編譯組　150元
16. 舒展身心體操術　李玉瓊編譯　130元
17. 三分鐘臉部體操　趙薇妮著　160元
18. 生動的笑容表情術　趙薇妮著　160元
19. 心曠神怡減肥法　川津祐介著　130元
20. 內衣使妳更美麗　陳玄茹譯　130元
21. 瑜伽美姿美容　黃靜香編著　180元
22. 高雅女性裝扮學　陳珮玲譯　180元
23. 蠶糞肌膚美顏法　坂梨秀子著　160元
24. 認識妳的身體　李玉瓊譯　160元
25. 產後恢復苗條體態　居理安・芙萊喬著　200元
26. 正確護髮美容法　山崎伊久江著　180元
27. 安琪拉美姿養生學　安琪拉蘭斯博瑞著　180元
28. 女體性醫學剖析　增田豐著　220元
29. 懷孕與生產剖析　岡部綾子著　180元
30. 斷奶後的健康育兒　東城百合子著　220元
31. 引出孩子幹勁的責罵藝術　多湖輝著　170元
32. 培養孩子獨立的藝術　多湖輝著　170元
33. 子宮肌瘤與卵巢囊腫　陳秀琳編著　180元
34. 下半身減肥法　納他夏・史達賓著　180元
35. 女性自然美容法　吳雅菁編著　180元
36. 再也不發胖　池園悅太郎著　170元

37. 生男生女控制術	中垣勝裕著	220 元
38. 使妳的肌膚更亮麗	楊　皓編著	170 元
39. 臉部輪廓變美	芝崎義夫著	180 元
40. 斑點、皺紋自己治療	高須克彌著	180 元
41. 面皰自己治療	伊藤雄康著	180 元
42. 隨心所欲瘦身冥想法	原久子著	180 元
43. 胎兒革命	鈴木丈織著	180 元
44. NS 磁氣平衡法塑造窈窕奇蹟	古屋和江著	180 元
45. 享瘦從腳開始	山田陽子著	180 元
46. 小改變瘦 4 公斤	宮本裕子著	180 元
47. 軟管減肥瘦身	高橋輝男著	180 元
48. 海藻精神秘美容法	劉名揚編著	180 元
49. 肌膚保養與脫毛	鈴木真理著	180 元
50. 10 天減肥 3 公斤	彤雲編輯組	180 元
51. 穿出自己的品味	西村玲子著	280 元

・青春天地・電腦編號 17

1. A 血型與星座	柯素娥編譯	160 元
2. B 血型與星座	柯素娥編譯	160 元
3. O 血型與星座	柯素娥編譯	160 元
4. AB 血型與星座	柯素娥編譯	120 元
5. 青春期性教室	呂貴嵐編譯	130 元
6. 事半功倍讀書法	王毅希編譯	150 元
7. 難解數學破題	宋釗宜編譯	130 元
9. 小論文寫作秘訣	林顯茂編譯	120 元
11. 中學生野外遊戲	熊谷康編著	120 元
12. 恐怖極短篇	柯素娥編譯	130 元
13. 恐怖夜話	小毛驢編譯	130 元
14. 恐怖幽默短篇	小毛驢編譯	120 元
15. 黑色幽默短篇	小毛驢編譯	120 元
16. 靈異怪談	小毛驢編譯	130 元
17. 錯覺遊戲	小毛驢編著	130 元
18. 整人遊戲	小毛驢編著	150 元
19. 有趣的超常識	柯素娥編譯	130 元
20. 哦！原來如此	林慶旺編譯	130 元
21. 趣味競賽 100 種	劉名揚編譯	120 元
22. 數學謎題入門	宋釗宜編譯	150 元
23. 數學謎題解析	宋釗宜編譯	150 元
24. 透視男女心理	林慶旺編譯	120 元
25. 少女情懷的自白	李桂蘭編譯	120 元
26. 由兄弟姊妹看命運	李玉瓊編譯	130 元
27. 趣味的科學魔術	林慶旺編譯	150 元
28. 趣味的心理實驗室	李燕玲編譯	150 元

29. 愛與性心理測驗　小毛驢編譯　130元
30. 刑案推理解謎　小毛驢編譯　130元
31. 偵探常識推理　小毛驢編譯　130元
32. 偵探常識解謎　小毛驢編譯　130元
33. 偵探推理遊戲　小毛驢編譯　130元
34. 趣味的超魔術　廖玉山編著　150元
35. 趣味的珍奇發明　柯素娥編著　150元
36. 登山用具與技巧　陳瑞菊編著　150元
37. 性的漫談　蘇燕謀編著　180元
38. 無的漫談　蘇燕謀編著　180元
39. 黑色漫談　蘇燕謀編著　180元
40. 白色漫談　蘇燕謀編著　180元

・健康天地・電腦編號18

1. 壓力的預防與治療　柯素娥編譯　130元
2. 超科學氣的魔力　柯素娥編譯　130元
3. 尿療法治病的神奇　中尾良一著　130元
4. 鐵證如山的尿療法奇蹟　廖玉山譯　120元
5. 一日斷食健康法　葉慈容編譯　150元
6. 胃部強健法　陳炳崑譯　120元
7. 癌症早期檢查法　廖松濤譯　160元
8. 老人痴呆症防止法　柯素娥編譯　130元
9. 松葉汁健康飲料　陳麗芬編譯　130元
10. 揉肚臍健康法　永井秋夫著　150元
11. 過勞死、猝死的預防　卓秀貞編譯　130元
12. 高血壓治療與飲食　藤山順豐著　150元
13. 老人看護指南　柯素娥編譯　150元
14. 美容外科淺談　楊啟宏著　150元
15. 美容外科新境界　楊啟宏著　150元
16. 鹽是天然的醫生　西英司郎著　140元
17. 年輕十歲不是夢　梁瑞麟譯　200元
18. 茶料理治百病　桑野和民著　180元
19. 綠茶治病寶典　桑野和民著　150元
20. 杜仲茶養顏減肥法　西田博著　150元
21. 蜂膠驚人療效　瀨長良三郎著　180元
22. 蜂膠治百病　瀨長良三郎著　180元
23. 醫藥與生活(一)　鄭炳全著　180元
24. 鈣長生寶典　落合敏著　180元
25. 大蒜長生寶典　木下繁太郎著　160元
26. 居家自我健康檢查　石川恭三著　160元
27. 永恆的健康人生　李秀鈴譯　200元
28. 大豆卵磷脂長生寶典　劉雪卿譯　150元
29. 芳香療法　梁艾琳譯　160元

30. 醋長生寶典	柯素娥譯	180 元
31. 從星座透視健康	席拉・吉蒂斯著	180 元
32. 愉悅自在保健學	野本二士夫著	160 元
33. 裸睡健康法	丸山淳士等著	160 元
34. 糖尿病預防與治療	藤田順豐著	180 元
35. 維他命長生寶典	菅原明子著	180 元
36. 維他命 C 新效果	鐘文訓編	150 元
37. 手、腳病理按摩	堤芳朗著	160 元
38. AIDS 瞭解與預防	彼得塔歇爾著	180 元
39. 甲殼質殼聚糖健康法	沈永嘉譯	160 元
40. 神經痛預防與治療	木下真男著	160 元
41. 室內身體鍛鍊法	陳炳崑編著	160 元
42. 吃出健康藥膳	劉大器編著	180 元
43. 自我指壓術	蘇燕謀編著	160 元
44. 紅蘿蔔汁斷食療法	李玉瓊編著	150 元
45. 洗心術健康秘法	竺翠萍編譯	170 元
46. 枇杷葉健康療法	柯素娥編譯	180 元
47. 抗衰血癒	楊啟宏著	180 元
48. 與癌搏鬥記	逸見政孝著	180 元
49. 冬蟲夏草長生寶典	高橋義博著	170 元
50. 痔瘡・大腸疾病先端療法	宮島伸宜著	180 元
51. 膠布治癒頑固慢性病	加瀨建造著	180 元
52. 芝麻神奇健康法	小林貞作著	170 元
53. 香煙能防止癡呆？	高田明和著	180 元
54. 穀菜食治癌療法	佐藤成志著	180 元
55. 貼藥健康法	松原英多著	180 元
56. 克服癌症調和道呼吸法	帶津良一著	180 元
57. B 型肝炎預防與治療	野村喜重郎著	180 元
58. 青春永駐養生導引術	早島正雄著	180 元
59. 改變呼吸法創造健康	原久子著	180 元
60. 荷爾蒙平衡養生秘訣	出村博著	180 元
61. 水美肌健康法	井戶勝富著	170 元
62. 認識食物掌握健康	廖梅珠編著	170 元
63. 痛風劇痛消除法	鈴木吉彥著	180 元
64. 酸莖菌驚人療效	上田明彥著	180 元
65. 大豆卵磷脂治現代病	神津健一著	200 元
66. 時辰療法—危險時刻凌晨 4 時	呂建強等著	180 元
67. 自然治癒力提升法	帶津良一著	180 元
68. 巧妙的氣保健法	藤平墨子著	180 元
69. 治癒 C 型肝炎	熊田博光著	180 元
70. 肝臟病預防與治療	劉名揚編著	180 元
71. 腰痛平衡療法	荒井政信著	180 元
72. 根治多汗症、狐臭	稻葉益巳著	220 元
73. 40 歲以後的骨質疏鬆症	沈永嘉譯	180 元

74. 認識中藥	松下一成著	180元
75. 認識氣的科學	佐佐木茂美著	180元
76. 我戰勝了癌症	安田伸著	180元
77. 斑點是身心的危險信號	中野進著	180元
78. 艾波拉病毒大震撼	玉川重德著	180元
79. 重新還我黑髮	桑名隆一郎著	180元
80. 身體節律與健康	林博史著	180元
81. 生薑治萬病	石原結實著	180元
82. 靈芝治百病	陳瑞東著	180元
83. 木炭驚人的威力	大槻彰著	200元
84. 認識活性氧	井土貴司著	180元
85. 深海鮫治百病	廖玉山編著	180元
86. 神奇的蜂王乳	井上丹治著	180元
87. 卡拉 OK 健腦法	東潔著	180元
88. 卡拉 OK 健康法	福田伴男著	180元
89. 醫藥與生活(二)	鄭炳全著	200元
90. 洋蔥治百病	宮尾興平著	180元
91. 年輕 10 歲快步健康法	石塚忠雄著	180元
92. 石榴的驚人神效	岡本順子著	180元
93. 飲料健康法	白鳥早奈英著	180元
94. 健康棒體操	劉名揚編譯	180元
95. 催眠健康法	蕭京凌編著	180元

・實用女性學講座・電腦編號 19

1. 解讀女性內心世界	島田一男著	150元
2. 塑造成熟的女性	島田一男著	150元
3. 女性整體裝扮學	黃靜香編著	180元
4. 女性應對禮儀	黃靜香編著	180元
5. 女性婚前必修	小野十傳著	200元
6. 徹底瞭解女人	田口二州著	180元
7. 拆穿女性謊言 88 招	島田一男著	200元
8. 解讀女人心	島田一男著	200元
9. 俘獲女性絕招	志賀貢著	200元
10. 愛情的壓力解套	中村理英子著	200元
11. 妳是人見人愛的女孩	廖松濤編著	200元

・校園系列・電腦編號 20

1. 讀書集中術	多湖輝著	150元
2. 應考的訣竅	多湖輝著	150元
3. 輕鬆讀書贏得聯考	多湖輝著	150元
4. 讀書記憶秘訣	多湖輝著	150元

5. 視力恢復！超速讀術	江錦雲譯	180 元
6. 讀書 36 計	黃柏松編著	180 元
7. 驚人的速讀術	鐘文訓編著	170 元
8. 學生課業輔導良方	多湖輝著	180 元
9. 超速讀超記憶法	廖松濤編著	180 元
10. 速算解題技巧	宋釗宜編著	200 元
11. 看圖學英文	陳炳崑編著	200 元
12. 讓孩子最喜歡數學	沈永嘉譯	180 元
13. 催眠記憶術	林碧清譯	180 元

・實用心理學講座・電腦編號 21

1. 拆穿欺騙伎倆	多湖輝著	140 元
2. 創造好構想	多湖輝著	140 元
3. 面對面心理術	多湖輝著	160 元
4. 偽裝心理術	多湖輝著	140 元
5. 透視人性弱點	多湖輝著	140 元
6. 自我表現術	多湖輝著	180 元
7. 不可思議的人性心理	多湖輝著	180 元
8. 催眠術入門	多湖輝著	150 元
9. 責罵部屬的藝術	多湖輝著	150 元
10. 精神力	多湖輝著	150 元
11. 厚黑說服術	多湖輝著	150 元
12. 集中力	多湖輝著	150 元
13. 構想力	多湖輝著	150 元
14. 深層心理術	多湖輝著	160 元
15. 深層語言術	多湖輝著	160 元
16. 深層說服術	多湖輝著	180 元
17. 掌握潛在心理	多湖輝著	160 元
18. 洞悉心理陷阱	多湖輝著	180 元
19. 解讀金錢心理	多湖輝著	180 元
20. 拆穿語言圈套	多湖輝著	180 元
21. 語言的內心玄機	多湖輝著	180 元
22. 積極力	多湖輝著	180 元

・超現實心理講座・電腦編號 22

1. 超意識覺醒法	詹蔚芬編譯	130 元
2. 護摩秘法與人生	劉名揚編譯	130 元
3. 秘法！超級仙術入門	陸明譯	150 元
4. 給地球人的訊息	柯素娥編著	150 元
5. 密教的神通力	劉名揚編著	130 元
6. 神秘奇妙的世界	平川陽一著	200 元

7. 地球文明的超革命	吳秋嬌譯	200 元
8. 力量石的秘密	吳秋嬌譯	180 元
9. 超能力的靈異世界	馬小莉譯	200 元
10. 逃離地球毀滅的命運	吳秋嬌譯	200 元
11. 宇宙與地球終結之謎	南山宏著	200 元
12. 驚世奇功揭秘	傅起鳳著	200 元
13. 啟發身心潛力心象訓練法	栗田昌裕著	180 元
14. 仙道術遁甲法	高藤聰一郎著	220 元
15. 神通力的秘密	中岡俊哉著	180 元
16. 仙人成仙術	高藤聰一郎著	200 元
17. 仙道符咒氣功法	高藤聰一郎著	220 元
18. 仙道風水術尋龍法	高藤聰一郎著	200 元
19. 仙道奇蹟超幻像	高藤聰一郎著	200 元
20. 仙道鍊金術房中法	高藤聰一郎著	200 元
21. 奇蹟超醫療治癒難病	深野一幸著	220 元
22. 揭開月球的神秘力量	超科學研究會	180 元
23. 西藏密教奧義	高藤聰一郎著	250 元
24. 改變你的夢術入門	高藤聰一郎著	250 元

·養生保健· 電腦編號 23

1. 醫療養生氣功	黃孝寬著	250 元
2. 中國氣功圖譜	余功保著	230 元
3. 少林醫療氣功精粹	井玉蘭著	250 元
4. 龍形實用氣功	吳大才等著	220 元
5. 魚戲增視強身氣功	宮　嬰著	220 元
6. 嚴新氣功	前新培金著	250 元
7. 道家玄牝氣功	張　章著	200 元
8. 仙家秘傳袪病功	李遠國著	160 元
9. 少林十大健身功	秦慶豐著	180 元
10. 中國自控氣功	張明武著	250 元
11. 醫療防癌氣功	黃孝寬著	250 元
12. 醫療強身氣功	黃孝寬著	250 元
13. 醫療點穴氣功	黃孝寬著	250 元
14. 中國八卦如意功	趙維漢著	180 元
15. 正宗馬禮堂養氣功	馬禮堂著	420 元
16. 秘傳道家筋經內丹功	王慶餘著	280 元
17. 三元開慧功	辛桂林著	250 元
18. 防癌治癌新氣功	郭　林著	180 元
19. 禪定與佛家氣功修煉	劉天君著	200 元
20. 顛倒之術	梅自強著	360 元
21. 簡明氣功辭典	吳家駿編	360 元
22. 八卦三合功	張全亮著	230 元
23. 朱砂掌健身養生功	楊永著	250 元

24. 抗老功	陳九鶴著	230 元
25. 意氣按穴排濁自療法	黃啟運編著	250 元
26. 陳式太極拳養生功	陳正雷著	200 元
27. 健身祛病小功法	王培生著	200 元

・社會人智囊・電腦編號 24

1. 糾紛談判術	清水增三著	160 元
2. 創造關鍵術	淺野八郎著	150 元
3. 觀人術	淺野八郎著	180 元
4. 應急詭辯術	廖英迪編著	160 元
5. 天才家學習術	木原武一著	160 元
6. 貓型狗式鑑人術	淺野八郎著	180 元
7. 逆轉運掌握術	淺野八郎著	180 元
8. 人際圓融術	澀谷昌三著	160 元
9. 解讀人心術	淺野八郎著	180 元
10. 與上司水乳交融術	秋元隆司著	180 元
11. 男女心態定律	小田晉著	180 元
12. 幽默說話術	林振輝編著	200 元
13. 人能信賴幾分	淺野八郎著	180 元
14. 我一定能成功	李玉瓊譯	180 元
15. 獻給青年的嘉言	陳蒼杰譯	180 元
16. 知人、知面、知其心	林振輝編著	180 元
17. 塑造堅強的個性	坂上肇著	180 元
18. 為自己而活	佐藤綾子著	180 元
19. 未來十年與愉快生活有約	船井幸雄著	180 元
20. 超級銷售話術	杜秀卿譯	180 元
21. 感性培育術	黃靜香編著	180 元
22. 公司新鮮人的禮儀規範	蔡媛惠譯	180 元
23. 傑出職員鍛錬術	佐佐木正著	180 元
24. 面談獲勝戰略	李芳黛譯	180 元
25. 金玉良言撼人心	森純大著	180 元
26. 男女幽默趣典	劉華亭編著	180 元
27. 機智說話術	劉華亭編著	180 元
28. 心理諮商室	柯素娥譯	180 元
29. 如何在公司崢嶸頭角	佐佐木正著	180 元
30. 機智應對術	李玉瓊編著	200 元
31. 克服低潮良方	坂野雄二著	180 元
32. 智慧型說話技巧	沈永嘉編著	180 元
33. 記憶力、集中力增進術	廖松濤編著	180 元
34. 女職員培育術	林慶旺編著	180 元
35. 自我介紹與社交禮儀	柯素娥編著	180 元
36. 積極生活創幸福	田中真澄著	180 元
37. 妙點子超構想	多湖輝著	180 元

38. 說 NO 的技巧	廖玉山編著	180 元
39. 一流說服力	李玉瓊編著	180 元
40. 般若心經成功哲學	陳鴻蘭編著	180 元
41. 訪問推銷術	黃靜香編著	180 元
42. 男性成功秘訣	陳蒼杰編著	180 元
43. 笑容、人際智商	宮川澄子著	180 元
44. 多湖輝的構想工作室	多湖輝著	200 元
45. 名人名語啟示錄	喬家楓著	180 元

・精 選 系 列・電腦編號 25

1. 毛澤東與鄧小平	渡邊利夫等著	280 元
2. 中國大崩裂	江戶介雄著	180 元
3. 台灣・亞洲奇蹟	上村幸治著	220 元
4. 7-ELEVEN 高盈收策略	國友隆一著	180 元
5. 台灣獨立（新・中國日本戰爭一）	森詠著	200 元
6. 迷失中國的末路	江戶雄介著	220 元
7. 2000 年 5 月全世界毀滅	紫藤甲子男著	180 元
8. 失去鄧小平的中國	小島朋之著	220 元
9. 世界史爭議性異人傳	桐生操著	200 元
10. 淨化心靈享人生	松濤弘道著	220 元
11. 人生心情診斷	賴藤和寬著	220 元
12. 中美大決戰	檜山良昭著	220 元
13. 黃昏帝國美國	莊雯琳譯	220 元
14. 兩岸衝突（新・中國日本戰爭二）	森詠著	220 元
15. 封鎖台灣（新・中國日本戰爭三）	森詠著	220 元
16. 中國分裂（新・中國日本戰爭四）	森詠著	220 元
17. 由女變男的我	虎井正衛著	200 元
18. 佛學的安心立命	松濤弘道著	220 元
19. 世界喪禮大觀	松濤弘道著	280 元

・運 動 遊 戲・電腦編號 26

1. 雙人運動	李玉瓊譯	160 元
2. 愉快的跳繩運動	廖玉山譯	180 元
3. 運動會項目精選	王佑京譯	150 元
4. 肋木運動	廖玉山譯	150 元
5. 測力運動	王佑宗譯	150 元
6. 游泳入門	唐桂萍編著	200 元

・休 閒 娛 樂・電腦編號 27

1. 海水魚飼養法	田中智浩著	300 元

2. 金魚飼養法 曾雪玫譯 250元
3. 熱門海水魚 毛利匡明著 480元
4. 愛犬的教養與訓練 池田好雄著 250元
5. 狗教養與疾病 杉浦哲著 220元
6. 小動物養育技巧 三上昇著 300元
20. 園藝植物管理 船越亮二著 220元

・銀髮族智慧學・電腦編號 28

1. 銀髮六十樂逍遙 多湖輝著 170元
2. 人生六十反年輕 多湖輝著 170元
3. 六十歲的決斷 多湖輝著 170元
4. 銀髮族健身指南 孫瑞台編著 250元

・飲食保健・電腦編號 29

1. 自己製作健康茶 大海淳著 220元
2. 好吃、具藥效茶料理 德永睦子著 220元
3. 改善慢性病健康藥草茶 吳秋嬌譯 200元
4. 藥酒與健康果菜汁 成玉編著 250元
5. 家庭保健養生湯 馬汴梁編著 220元
6. 降低膽固醇的飲食 早川和志著 200元
7. 女性癌症的飲食 女子營養大學 280元
8. 痛風者的飲食 女子營養大學 280元
9. 貧血者的飲食 女子營養大學 280元
10. 高脂血症者的飲食 女子營養大學 280元
11. 男性癌症的飲食 女子營養大學 280元
12. 過敏者的飲食 女子營養大學 280元
13. 心臟病的飲食 女子營養大學 280元
14. 滋陰壯陽的飲食 王增著 220元

・家庭醫學保健・電腦編號 30

1. 女性醫學大全 雨森良彥著 380元
2. 初為人父育兒寶典 小瀧周曹著 220元
3. 性活力強健法 相建華著 220元
4. 30歲以上的懷孕與生產 李芳黛編著 220元
5. 舒適的女性更年期 野末悅子著 200元
6. 夫妻前戲的技巧 笠井寬司著 200元
7. 病理足穴按摩 金慧明著 220元
8. 爸爸的更年期 河野孝旺著 200元
9. 橡皮帶健康法 山田晶著 180元
10. 三十三天健美減肥 相建華等著 180元

11. 男性健美入門	孫玉祿編著	180 元
12. 強化肝臟秘訣	主婦の友社編	200 元
13. 了解藥物副作用	張果馨譯	200 元
14. 女性醫學小百科	松山榮吉著	200 元
15. 左轉健康法	龜田修等著	200 元
16. 實用天然藥物	鄭炳全編著	260 元
17. 神秘無痛平衡療法	林宗駛著	180 元
18. 膝蓋健康法	張果馨譯	180 元
19. 針灸治百病	葛書翰著	250 元
20. 異位性皮膚炎治癒法	吳秋嬌譯	220 元
21. 禿髮白髮預防與治療	陳炳崑編著	180 元
22. 埃及皇宮菜健康法	飯森薰著	200 元
23. 肝臟病安心治療	上野幸久著	220 元
24. 耳穴治百病	陳抗美等著	250 元
25. 高效果指壓法	五十嵐康彥著	200 元
26. 瘦水、胖水	鈴木園子著	200 元
27. 手針新療法	朱振華著	200 元
28. 香港腳預防與治療	劉小惠譯	200 元
29. 智慧飲食吃出健康	柯富陽編著	200 元
30. 牙齒保健法	廖玉山編著	200 元
31. 恢復元氣養生食	張果馨譯	200 元
32. 特效推拿按摩術	李玉田著	200 元
33. 一週一次健康法	若狹真著	200 元
34. 家常科學膳食	大塚滋著	220 元
35. 夫妻們關心的男性不孕	原利夫著	220 元
36. 自我瘦身美容	馬野詠子著	200 元
37. 魔法姿勢益健康	五十嵐康彥著	200 元
38. 眼病錘療法	馬栩周著	200 元
39. 預防骨質疏鬆症	藤田拓男著	200 元
40. 骨質增生效驗方	李吉茂編著	250 元
41. 蕺菜健康法	小林正夫著	200 元
42. 赧於啟齒的男性煩惱	增田豐著	220 元
43. 簡易自我健康檢查	稻葉允著	250 元
44. 實用花草健康法	友田純子著	200 元
45. 神奇的手掌療法	日比野喬著	230 元
46. 家庭式三大穴道療法	刑部忠和著	200 元
47. 子宮癌、卵巢癌	岡島弘幸著	220 元
48. 糖尿病機能性食品	劉雪卿編著	220 元
49. 奇蹟活現經脈美容法	林振輝編譯	200 元
50. Super SEX	秋好憲一著	220 元
51. 了解避孕丸	林玉佩譯	200 元

・超經營新智慧・電腦編號 31

1. 躍動的國家越南	林雅倩譯	250 元
2. 甦醒的小龍菲律賓	林雅倩譯	220 元
3. 中國的危機與商機	中江要介著	250 元
4. 在印度的成功智慧	山內利男著	220 元
5. 7-ELEVEN 大革命	村上豐道著	200 元
6. 業務員成功秘方	呂育清編著	200 元

・心 靈 雅 集・電腦編號 00

1. 禪言佛語看人生	松濤弘道著	180 元
2. 禪密教的奧秘	葉逯謙譯	120 元
3. 觀音大法力	田口日勝著	120 元
4. 觀音法力的大功德	田口日勝著	120 元
5. 達摩禪 106 智慧	劉華亭編譯	220 元
6. 有趣的佛教研究	葉逯謙編譯	170 元
7. 夢的開運法	蕭京凌譯	130 元
8. 禪學智慧	柯素娥編譯	130 元
9. 女性佛教入門	許俐萍譯	110 元
10. 佛像小百科	心靈雅集編譯組	130 元
11. 佛教小百科趣談	心靈雅集編譯組	120 元
12. 佛教小百科漫談	心靈雅集編譯組	150 元
13. 佛教知識小百科	心靈雅集編譯組	150 元
14. 佛學名言智慧	松濤弘道著	220 元
15. 釋迦名言智慧	松濤弘道著	220 元
16. 活人禪	平田精耕著	120 元
17. 坐禪入門	柯素娥編譯	150 元
18. 現代禪悟	柯素娥編譯	130 元
19. 道元禪師語錄	心靈雅集編譯組	130 元
20. 佛學經典指南	心靈雅集編譯組	130 元
21. 何謂「生」阿含經	心靈雅集編譯組	150 元
22. 一切皆空　般若心經	心靈雅集編譯組	180 元
23. 超越迷惘　法句經	心靈雅集編譯組	130 元
24. 開拓宇宙觀　華嚴經	心靈雅集編譯組	180 元
25. 真實之道　法華經	心靈雅集編譯組	130 元
26. 自由自在　涅槃經	心靈雅集編譯組	130 元
27. 沈默的教示　維摩經	心靈雅集編譯組	150 元
28. 開通心眼　佛語佛戒	心靈雅集編譯組	130 元
29. 揭秘寶庫　密教經典	心靈雅集編譯組	180 元
30. 坐禪與養生	廖松濤譯	110 元
31. 釋尊十戒	柯素娥編譯	120 元
32. 佛法與神通	劉欣如編著	120 元

33. 悟（正法眼藏的世界）	柯素娥編譯	120元
34. 只管打坐	劉欣如編著	120元
35. 喬答摩・佛陀傳	劉欣如編著	120元
36. 唐玄奘留學記	劉欣如編著	120元
37. 佛教的人生觀	劉欣如編譯	110元
38. 無門關(上卷)	心靈雅集編譯組	150元
39. 無門關(下卷)	心靈雅集編譯組	150元
40. 業的思想	劉欣如編著	130元
41. 佛法難學嗎	劉欣如著	140元
42. 佛法實用嗎	劉欣如著	140元
43. 佛法殊勝嗎	劉欣如著	140元
44. 因果報應法則	李常傳編	180元
45. 佛教醫學的奧秘	劉欣如編著	150元
46. 紅塵絕唱	海　若著	130元
47. 佛教生活風情	洪丕謨、姜玉珍著	220元
48. 行住坐臥有佛法	劉欣如著	160元
49. 起心動念是佛法	劉欣如著	160元
50. 四字禪語	曹洞宗青年會	200元
51. 妙法蓮華經	劉欣如編著	160元
52. 根本佛教與大乘佛教	葉作森編	180元
53. 大乘佛經	定方晟著	180元
54. 須彌山與極樂世界	定方晟著	180元
55. 阿闍世的悟道	定方晟著	180元
56. 金剛經的生活智慧	劉欣如著	180元
57. 佛教與儒教	劉欣如編譯	180元
58. 佛教史入門	劉欣如編譯	180元
59. 印度佛教思想史	劉欣如編譯	200元
60. 佛教與女姓	劉欣如編譯	180元
61. 禪與人生	洪丕謨主編	260元

・經 營 管 理・電腦編號01

◎ 創新經營管理六十六大計(精)	蔡弘文編	780元
1. 如何獲取生意情報	蘇燕謀譯	110元
2. 經濟常識問答	蘇燕謀譯	130元
4. 台灣商戰風雲錄	陳中雄著	120元
5. 推銷大王秘錄	原一平著	180元
6. 新創意・賺大錢	王家成譯	90元
7. 工廠管理新手法	琪　輝著	120元
10. 美國實業24小時	柯順隆譯	80元
11. 撼動人心的推銷法	原一平著	150元
12. 高竿經營法	蔡弘文編	120元
13. 如何掌握顧客	柯順隆譯	150元
17. 一流的管理	蔡弘文編	150元

18. 外國人看中韓經濟	劉華亭譯	150 元
20. 突破商場人際學	林振輝編著	90 元
22. 如何使女人打開錢包	林振輝編著	100 元
24. 小公司經營策略	王嘉誠著	160 元
25. 成功的會議技巧	鐘文訓編譯	100 元
26. 新時代老闆學	黃柏松編著	100 元
27. 如何創造商場智囊團	林振輝編譯	150 元
28. 十分鐘推銷術	林振輝編譯	180 元
29. 五分鐘育才	黃柏松編譯	100 元
33. 自我經濟學	廖松濤編譯	100 元
34. 一流的經營	陶田生編著	120 元
35. 女性職員管理術	王昭國編譯	120 元
36. ＩＢＭ的人事管理	鐘文訓編譯	150 元
37. 現代電腦常識	王昭國編譯	150 元
38. 電腦管理的危機	鐘文訓編譯	120 元
39. 如何發揮廣告效果	王昭國編譯	150 元
40. 最新管理技巧	王昭國編譯	150 元
41. 一流推銷術	廖松濤編譯	150 元
42. 包裝與促銷技巧	王昭國編譯	130 元
43. 企業王國指揮塔	松下幸之助著	120 元
44. 企業精銳兵團	松下幸之助著	120 元
45. 企業人事管理	松下幸之助著	100 元
46. 華僑經商致富術	廖松濤編譯	130 元
47. 豐田式銷售技巧	廖松濤編譯	180 元
48. 如何掌握銷售技巧	王昭國編著	130 元
50. 洞燭機先的經營	鐘文訓編譯	150 元
52. 新世紀的服務業	鐘文訓編譯	100 元
53. 成功的領導者	廖松濤編譯	120 元
54. 女推銷員成功術	李玉瓊編譯	130 元
55. ＩＢＭ人才培育術	鐘文訓編譯	100 元
56. 企業人自我突破法	黃琪輝編著	150 元
58. 財富開發術	蔡弘文編著	130 元
59. 成功的店舖設計	鐘文訓編著	150 元
61. 企管回春法	蔡弘文編著	130 元
62. 小企業經營指南	鐘文訓編譯	100 元
63. 商場致勝名言	鐘文訓編譯	150 元
64. 迎接商業新時代	廖松濤編譯	100 元
66. 新手股票投資入門	何朝乾編著	200 元
67. 上揚股與下跌股	何朝乾編譯	180 元
68. 股票速成學	何朝乾編譯	200 元
69. 理財與股票投資策略	黃俊豪編著	180 元
70. 黃金投資策略	黃俊豪編著	180 元
71. 厚黑管理學	廖松濤編譯	180 元
72. 股市致勝格言	呂梅莎編譯	180 元

73. 透視西武集團	林谷燁編譯	150 元
76. 巡迴行銷術	陳蒼杰譯	150 元
77. 推銷的魔術	王嘉誠譯	120 元
78. 60 秒指導部屬	周蓮芬編譯	150 元
79. 精銳女推銷員特訓	李玉瓊編譯	130 元
80. 企劃、提案、報告圖表的技巧	鄭汶譯	180 元
81. 海外不動產投資	許達守編譯	150 元
82. 八百伴的世界策略	李玉瓊譯	150 元
83. 服務業品質管理	吳宜芬譯	180 元
84. 零庫存銷售	黃東謙編譯	150 元
85. 三分鐘推銷管理	劉名揚編譯	150 元
86. 推銷大王奮鬥史	原一平著	150 元
87. 豐田汽車的生產管理	林谷燁編譯	150 元

・成 功 寶 庫・電腦編號 02

1. 上班族交際術	江森滋著	100 元
2. 拍馬屁訣竅	廖玉山編譯	110 元
4. 聽話的藝術	歐陽輝編譯	110 元
9. 求職轉業成功術	陳義編著	110 元
10. 上班族禮儀	廖玉山編著	120 元
11. 接近心理學	李玉瓊編著	100 元
12. 創造自信的新人生	廖松濤編著	120 元
15. 神奇瞬間瞑想法	廖松濤編譯	100 元
16. 人生成功之鑰	楊意苓編著	150 元
19. 給企業人的諍言	鐘文訓編著	120 元
20. 企業家自律訓練法	陳義編譯	100 元
21. 上班族妖怪學	廖松濤編著	100 元
22. 猶太人縱橫世界的奇蹟	孟佑政編著	110 元
25. 你是上班族中強者	嚴思圖編著	100 元
30. 成功頓悟 100 則	蕭京凌編譯	130 元
32. 知性幽默	李玉瓊編譯	130 元
33. 熟記對方絕招	黃靜香編譯	100 元
37. 察言觀色的技巧	劉華亭編著	180 元
38. 一流領導力	施義彥編譯	120 元
40. 30 秒鐘推銷術	廖松濤編譯	150 元
41. 猶太成功商法	周蓮芬編譯	120 元
42. 尖端時代行銷策略	陳蒼杰編著	100 元
43. 顧客管理學	廖松濤編著	100 元
44. 如何使對方說 Yes	程羲編著	150 元
47. 上班族口才學	楊鴻儒譯	120 元
48. 上班族新鮮人須知	程羲編著	120 元
49. 如何左右逢源	程羲編著	130 元
50. 語言的心理戰	多湖輝著	130 元

55. 性惡企業管理學	陳蒼杰譯	130元
56. 自我啟發200招	楊鴻儒編著	150元
57. 做個傑出女職員	劉名揚編著	130元
58. 靈活的集團營運術	楊鴻儒編著	120元
60. 個案研究活用法	楊鴻儒編著	130元
61. 企業教育訓練遊戲	楊鴻儒編著	120元
62. 管理者的智慧	程義編譯	130元
63. 做個佼佼管理者	馬筱莉編譯	130元
67. 活用禪學於企業	柯素娥編譯	130元
69. 幽默詭辯術	廖玉山編譯	150元
70. 拿破崙智慧箴言	柯素娥編譯	130元
71. 自我培育・超越	蕭京凌編譯	150元
74. 時間即一切	沈永嘉編譯	130元
75. 自我脫胎換骨	柯素娥譯	150元
76. 贏在起跑點　人才培育鐵則	楊鴻儒編譯	150元
77. 做一枚活棋	李玉瓊編譯	130元
78. 面試成功戰略	柯素娥編譯	130元
81. 瞬間攻破心防法	廖玉山編譯	120元
82. 改變一生的名言	李玉瓊編譯	130元
83. 性格性向創前程	楊鴻儒編譯	130元
84. 訪問行銷新竅門	廖玉山編譯	150元
85. 無所不達的推銷話術	李玉瓊編譯	150元

・處　世　智　慧・電腦編號 03

1. 如何改變你自己	陸明編譯	120元
6. 靈感成功術	譚繼山編譯	80元
8. 扭轉一生的五分鐘	黃柏松編譯	100元
10. 現代人的詭計	林振輝譯	100元
13. 口才必勝術	黃柏松編譯	120元
14. 女性的智慧	譚繼山編譯	90元
16. 人生的體驗	陸明編譯	80元
18. 幽默吹牛術	金子登著	90元
19. 攻心說服術	多湖輝著	100元
24. 慧心良言	亦奇著	80元
25. 名家慧語	蔡逸鴻主編	90元
28. 如何發揮你的潛能	陸明編譯	90元
29. 女人身態語言學	李常傳譯	130元
30. 摸透女人心	張文志譯	90元
32. 給女人的悄悄話	妮倩編譯	90元
34. 如何開拓快樂人生	陸明編譯	90元
36. 成功的捷徑	鐘文訓譯	70元
37. 幽默逗笑術	林振輝著	120元
38. 活用血型讀書法	陳炳崑譯	80元

39. 心　燈	葉于模著	100 元
40. 當心受騙	林顯茂譯	90 元
41. 心・體・命運	蘇燕謀譯	70 元
43. 宮本武藏五輪書金言錄	宮本武藏著	100 元
47. 成熟的愛	林振輝譯	120 元
48. 現代女性駕馭術	蔡德華著	90 元
49. 禁忌遊戲	酒井潔著	90 元
52. 摸透男人心	劉華亭編譯	80 元
53. 如何達成願望	謝世輝著	90 元
54. 創造奇蹟的「想念法」	謝世輝著	90 元
55. 創造成功奇蹟	謝世輝著	90 元
57. 幻想與成功	廖松濤譯	80 元
58. 反派角色的啟示	廖松濤編譯	70 元
59. 現代女性須知	劉華亭編著	75 元
62. 如何突破內向	姜倩怡編譯	110 元
64. 讀心術入門	王家成編譯	100 元
65. 如何解除內心壓力	林美羽編著	110 元
66. 取信於人的技巧	多湖輝著	110 元
68. 自我能力的開拓	卓一凡編著	110 元
70. 縱橫交涉術	嚴思圖編著	90 元
71. 如何培養妳的魅力	劉文珊編著	90 元
75. 個性膽怯者的成功術	廖松濤編譯	100 元
76. 人性的光輝	文可式編著	90 元
79. 培養靈敏頭腦秘訣	廖玉山編著	90 元
80. 夜晚心理術	鄭秀美編譯	80 元
81. 如何做個成熟的女性	李玉瓊編著	80 元
82. 現代女性成功術	劉文珊編著	90 元
83. 成功說話技巧	梁惠珠編譯	100 元
84. 人生的真諦	鐘文訓編譯	100 元
85. 妳是人見人愛的女孩	廖松濤編著	120 元
87. 指尖・頭腦體操	蕭京凌編譯	90 元
88. 電話應對禮儀	蕭京凌編著	120 元
89. 自我表現的威力	廖松濤編譯	100 元
90. 名人名語啟示錄	喬家楓編著	100 元
91. 男與女的哲思	程鐘梅編譯	110 元
92. 靈思慧語	牧風著	110 元
93. 心靈夜語	牧風著	100 元
94. 激盪腦力訓練	廖松濤編譯	100 元
95. 三分鐘頭腦活性法	廖玉山編譯	110 元
96. 星期一的智慧	廖玉山編譯	100 元
97. 溝通說服術	賴文琇編譯	100 元

・健康與美容・電腦編號 04

3. 媚酒傳(中國王朝秘酒)	陸明主編	120 元
5. 中國回春健康術	蔡一藩著	100 元
6. 奇蹟的斷食療法	蘇燕謀譯	130 元
8. 健美食物法	陳炳崑譯	120 元
9. 驚異的漢方療法	唐龍編著	90 元
10. 不老強精食	唐龍編著	100 元
12. 五分鐘跳繩健身法	蘇明達譯	100 元
13. 睡眠健康法	王家成譯	80 元
14. 你就是名醫	張芳明譯	90 元
19. 釋迦長壽健康法	譚繼山譯	90 元
20. 腳部按摩健康法	譚繼山譯	120 元
21. 自律健康法	蘇明達譯	90 元
23. 身心保健座右銘	張仁福著	160 元
24. 腦中風家庭看護與運動治療	林振輝譯	100 元
25. 秘傳醫學人相術	成玉主編	120 元
26. 導引術入門(1)治療慢性病	成玉主編	110 元
27. 導引術入門(2)健康・美容	成玉主編	110 元
28. 導引術入門(3)身心健康法	成玉主編	110 元
29. 妙用靈藥・蘆薈	李常傳譯	150 元
30. 萬病回春百科	吳通華著	150 元
31. 初次懷孕的 10 個月	成玉編譯	130 元
32. 中國秘傳氣功治百病	陳炳崑編譯	130 元
35. 仙人長生不老學	陸明編譯	100 元
36. 釋迦秘傳米粒刺激法	鐘文訓譯	120 元
37. 痔・治療與預防	陸明編譯	130 元
38. 自我防身絕技	陳炳崑編譯	120 元
39. 運動不足時疲勞消除法	廖松濤譯	110 元
40. 三溫暖健康法	鐘文訓編譯	90 元
43. 維他命與健康	鐘文訓譯	150 元
45. 森林浴—綠的健康法	劉華亭編譯	80 元
47. 導引術入門(4)酒浴健康法	成玉主編	90 元
48. 導引術入門(5)不老回春法	成玉主編	90 元
49. 山白竹(劍竹)健康法	鐘文訓譯	90 元
50. 解救你的心臟	鐘文訓編譯	100 元
52. 超人氣功法	陸明編譯	110 元
54. 借力的奇蹟(1)	力拔山著	100 元
55. 借力的奇蹟(2)	力拔山著	100 元
56. 五分鐘小睡健康法	呂添發撰	120 元
59. 艾草健康法	張汝明編譯	90 元
60. 一分鐘健康診斷	蕭京凌編譯	90 元
61. 念術入門	黃靜香編譯	90 元

62. 念術健康法	黃靜香編譯	90元
63. 健身回春法	梁惠珠編譯	100元
64. 姿勢養生法	黃秀娟編譯	90元
65. 仙人瞑想法	鐘文訓譯	120元
66. 人蔘的神效	林慶旺譯	100元
67. 奇穴治百病	吳通華著	120元
68. 中國傳統健康法	靳海東著	100元
71. 酵素健康法	楊皓編譯	120元
73. 腰痛預防與治療	五味雅吉著	130元
74. 如何預防心臟病・腦中風	譚定長等著	100元
75. 少女的生理秘密	蕭京凌譯	120元
76. 頭部按摩與針灸	楊鴻儒譯	100元
77. 雙極療術入門	林聖道著	100元
78. 氣功自療法	梁景蓮著	120元
79. 大蒜健康法	李玉瓊編譯	120元
81. 健胸美容秘訣	黃靜香譯	120元
82. 鍺奇蹟療效	林宏儒譯	120元
83. 三分鐘健身運動	廖玉山譯	120元
84. 尿療法的奇蹟	廖玉山譯	120元
85. 神奇的聚積療法	廖玉山譯	120元
86. 預防運動傷害伸展體操	楊鴻儒編譯	120元
88. 五日就能改變你	柯素娥譯	110元
89. 三分鐘氣功健康法	陳美華譯	120元
91. 道家氣功術	早島正雄著	130元
92. 氣功減肥術	早島正雄著	120元
93. 超能力氣功法	柯素娥譯	130元
94. 氣的瞑想法	早島正雄著	120元

・家　庭／生　活・電腦編號 05

1. 單身女郎生活經驗談	廖玉山編著	100元
2. 血型・人際關係	黃靜編著	120元
3. 血型・妻子	黃靜編著	110元
4. 血型・丈夫	廖玉山編譯	130元
5. 血型・升學考試	沈永嘉編譯	120元
6. 血型・臉型・愛情	鐘文訓編譯	120元
7. 現代社交須知	廖松濤編譯	100元
8. 簡易家庭按摩	鐘文訓編譯	150元
9. 圖解家庭看護	廖玉山編譯	120元
10. 生男育女隨心所欲	岡正基編著	160元
11. 家庭急救治療法	鐘文訓編著	100元
12. 新孕婦體操	林曉鐘譯	120元
13. 從食物改變個性	廖玉山編譯	100元
14. 藥草的自然療法	東城百合子著	200元

15. 糙米菜食與健康料理	東城百合子著	180 元
16. 現代人的婚姻危機	黃靜編著	90 元
17. 親子遊戲　0 歲	林慶旺編譯	100 元
18. 親子遊戲　1～2 歲	林慶旺編譯	110 元
19. 親子遊戲　3 歲	林慶旺編譯	100 元
20. 女性醫學新知	林曉鐘編譯	180 元
21. 媽媽與嬰兒	張汝明編譯	180 元
22. 生活智慧百科	黃靜編譯	100 元
23. 手相・健康・你	林曉鐘編譯	120 元
24. 菜食與健康	張汝明編譯	110 元
25. 家庭素食料理	陳東達著	140 元
26. 性能力活用秘法	米開・尼里著	150 元
27. 兩性之間	林慶旺編譯	120 元
28. 性感經穴健康法	蕭京凌編譯	150 元
29. 幼兒推拿健康法	蕭京凌編譯	100 元
30. 談中國料理	丁秀山編著	100 元
31. 舌技入門	增田豐著	160 元
32. 預防癌症的飲食法	黃靜香編譯	150 元
33. 性與健康寶典	黃靜香編譯	180 元
34. 正確避孕法	蕭京凌編譯	180 元
35. 吃的更漂亮美容食譜	楊萬里著	120 元
36. 圖解交際舞速成	鐘文訓編譯	150 元
37. 觀相導引術	沈永嘉譯	130 元
38. 初為人母 12 個月	陳義譯	180 元
39. 圖解麻將入門	顧安行編譯	180 元
40. 麻將必勝秘訣	石利夫編譯	180 元
41. 女性一生與漢方	蕭京凌編譯	100 元
42. 家電的使用與修護	鐘文訓編譯	160 元
43. 錯誤的家庭醫療法	鐘文訓編譯	100 元
44. 簡易防身術	陳慧珍編譯	150 元
45. 茶健康法	鐘文訓編譯	130 元
46. 雞尾酒大全	劉雪卿譯	180 元
47. 生活的藝術	沈永嘉編著	120 元
48. 雜草雜果健康法	沈永嘉編著	120 元
49. 如何選擇理想妻子	荒谷慈著	110 元
50. 如何選擇理想丈夫	荒谷慈著	110 元
51. 中國食與性的智慧	根本光人著	150 元
52. 開運法話	陳宏男譯	100 元
53. 禪語經典＜上＞	平田精耕著	150 元
54. 禪語經典＜下＞	平田精耕著	150 元
55. 手掌按摩健康法	鐘文訓譯	180 元
56. 腳底按摩健康法	鐘文訓譯	180 元
57. 仙道運氣健身法	李玉瓊譯	150 元
58. 健心、健體呼吸法	蕭京凌譯	120 元

59. 自彊術入門　蕭京凌譯　120 元
60. 指技入門　增田豐著　160 元
61. 下半身鍛鍊法　增田豐著　180 元
62. 表象式學舞法　黃靜香編譯　180 元
63. 圖解家庭瑜伽　鐘文訓譯　130 元
64. 食物治療寶典　黃靜香編譯　130 元
65. 智障兒保育入門　楊鴻儒譯　130 元
66. 自閉兒童指導入門　楊鴻儒譯　180 元
67. 乳癌發現與治療　黃靜香譯　130 元
68. 盆栽培養與欣賞　廖啟新編譯　180 元
69. 世界手語入門　蕭京凌編譯　180 元
70. 賽馬必勝法　李錦雀編譯　200 元
71. 中藥健康粥　蕭京凌編譯　120 元
72. 健康食品指南　劉文珊編譯　130 元
73. 健康長壽飲食法　鐘文訓編譯　150 元
74. 夜生活規則　增田豐著　160 元
75. 自製家庭食品　鐘文訓編譯　200 元
76. 仙道帝王招財術　廖玉山譯　130 元
77. 「氣」的蓄財術　劉名揚譯　130 元
78. 佛教健康法入門　劉名揚譯　130 元
79. 男女健康醫學　郭汝蘭譯　150 元
80. 成功的果樹培育法　張煌編譯　130 元
81. 實用家庭菜園　孔翔儀編譯　130 元
82. 氣與中國飲食法　柯素娥編譯　130 元
83. 世界生活趣譚　林其英著　160 元
84. 胎教二八〇天　鄭淑美譯　220 元
85. 酒自己動手釀　柯素娥編著　160 元
86. 自己動「手」健康法　劉雪卿譯　160 元
87. 香味活用法　森田洋子著　160 元
88. 寰宇趣聞搜奇　林其英著　200 元
89. 手指回旋健康法　栗田昌裕著　200 元
90. 家庭巧妙收藏　蘇秀玉譯　200 元
91. 餐桌禮儀入門　風間璋子著　200 元
92. 住宅設計要訣　吉田春美著　200 元

·命理與預言· 電腦編號 06

1. 12 星座算命術　訪星珠著　200 元
2. 中國式面相學入門　蕭京凌編著　180 元
3. 圖解命運學　陸明編著　200 元
4. 中國秘傳面相術　陳炳崑編著　180 元
5. 13 星座占星術　馬克・矢崎著　200 元
6. 命名彙典　水雲居士編著　180 元
7. 簡明紫微斗術命運學　唐龍編著　220 元

8.	住宅風水吉凶判斷法	琪輝編譯	180元
9.	鬼谷算命秘術	鬼谷子著	200元
10.	密教開運咒法	中岡俊哉著	250元
11.	女性星魂術	岩滿羅門著	200元
12.	簡明四柱推命學	李常傳編譯	150元
13.	手相鑑定奧秘	高山東明著	200元
14.	簡易精確手相	高山東明著	200元
15.	13星座戀愛占卜	彤雲編譯組	200元
16.	女巫的咒法	柯素娥譯	230元
17.	六星命運占卜學	馬文莉編著	230元
18.	樸克牌占卜入門	王家成譯	100元
19.	Ａ血型與十二生肖	鄒雲英編譯	90元
20.	Ｂ血型與十二生肖	鄒雲英編譯	90元
21.	Ｏ血型與十二生肖	鄒雲英編譯	100元
22.	ＡＢ血型與十二生肖	鄒雲英編譯	90元
23.	筆跡占卜學	周子敬著	220元
24.	神秘消失的人類	林達中譯	80元
25.	世界之謎與怪談	陳炳崑譯	80元
26.	符咒術入門	柳玉山人編	150元
27.	神奇的白符咒	柳玉山人編	160元
28.	神奇的紫等咒	柳玉山人編	200元
29.	秘咒魔法開運術	吳慧鈴編譯	180元
30.	諾米空秘咒法	馬克・矢崎編著	220元
31.	改變命運的手相術	鐘文訓著	120元
32.	黃帝手相占術	鮑黎明著	230元
33.	惡魔的咒法	杜美芳譯	230元
34.	腳相開運術	王瑞禎譯	130元
35.	面相開運術	許麗玲譯	150元
36.	房屋風水與運勢	邱震睿編譯	200元
37.	商店風水與運勢	邱震睿編譯	200元
38.	諸葛流天文遁甲	巫立華譯	150元
39.	聖帝五龍占術	廖玉山譯	180元
40.	萬能神算	張助馨編著	120元
41.	神祕的前世占卜	劉名揚譯	150元
42.	諸葛流奇門遁甲	巫立華譯	150元
43.	諸葛流四柱推命	巫立華譯	180元
44.	室內擺設創好運	小林祥晃著	200元
45.	室內裝潢開運法	小林祥晃著	230元
46.	新・大開運吉方位	小林祥晃著	200元
47.	風水的奧義	小林祥晃著	200元
48.	開運風水收藏術	小林祥晃著	200元
49.	商場開運風水術	小林祥晃著	200元
50.	骰子開運易占	立野清隆著	250元
51.	四柱推命愛情運	李芳黛譯	220元

52. 風水開運飲食法	小林祥晃著	200 元
53. 最新簡易手相	小林八重子著	220 元
54. 最新占術大全	高平鳴海著	300 元

·教 養 特 輯· 電腦編號 07

1. 管教子女絕招	多湖輝著	70 元
5. 如何教育幼兒	林振輝譯	80 元
7. 關心孩子的眼睛	陸明編	70 元
8. 如何生育優秀下一代	邱夢蕾編著	100 元
10. 現代育兒指南	劉華亭編譯	90 元
12. 如何培養自立的下一代	黃靜香編譯	80 元
14. 教養孩子的母親暗示法	多湖輝編譯	80 元
15. 奇蹟教養法	鐘文訓編譯	90 元
16. 慈父嚴母的時代	多湖輝著	90 元
17. 如何發現問題兒童的才智	林慶旺譯	100 元
18. 再見！夜尿症	黃靜香編譯	90 元
19. 育兒新智慧	黃靜編譯	90 元
20. 長子培育術	劉華亭編譯	80 元
21. 親子運動遊戲	蕭京凌編譯	90 元
22. 一分鐘刺激會話法	鐘文訓編著	90 元
23. 啟發孩子讀書的興趣	李玉瓊編著	100 元
24. 如何使孩子更聰明	黃靜編著	100 元
25. ３·４歲育兒寶典	黃靜香編譯	100 元
26. 一對一教育法	林振輝編譯	100 元
27. 母親的七大過失	鐘文訓編譯	100 元
28. 幼兒才能開發測驗	蕭京凌編譯	100 元
29. 教養孩子的智慧之眼	黃靜香編譯	100 元
30. 如何創造天才兒童	林振輝編譯	90 元
31. 如何使孩子數學滿點	林明嬋編著	100 元

·消 遣 特 輯· 電腦編號 08

1. 小動物飼養秘訣	徐道政譯	120 元
2. 狗的飼養與訓練	張文志譯	130 元
4. 鴿的飼養與訓練	林振輝譯	120 元
5. 金魚飼養法	鐘文訓編譯	130 元
6. 熱帶魚飼養法	鐘文訓編譯	180 元
8. 妙事多多	金家驊編譯	80 元
9. 有趣的性知識	蘇燕謀編譯	100 元
11. 100 種小鳥養育法	譚繼山編譯	200 元
12. 樸克牌遊戲與贏牌秘訣	林振輝編譯	120 元
13. 遊戲與餘興節目	廖松濤編著	100 元

國家圖書館出版品預行編目資料

笑容　人際智商/宮川澄子著；陳蒼杰譯
——初版，——臺北市，大展，［1998］民87
面；21公分，——（社會人智囊；43）
譯自：よい自分表現してますか
ISBN 957-557-851-1（平裝）
1.笑 2.溝通 3.人際關係
176.5　　87010302

原書名：よい自分表現していますか
原著作著：宮川澄子　
原出版者：株式會社　早稻田出版
版權仲介：宏儒企業有限公司

笑容　人際智商

ISBN 957-557-851-1

原著者/宮川澄子
編譯者/陳蒼杰
發行人/蔡森明
出版者/大展出版社有限公司
社址/台北市北投區（石牌）致遠一路2段12巷1號
電話/（02）28236031・28236033
傳真/（02）28272069
郵政劃撥/0166955-1
登記證/局版臺業字第2171號
承印者/高星企業有限公司
裝訂/嶸興裝訂有限公司
排版者/弘益電腦排版有限公司
電話/（02）27403609・27112792
初版1刷/1998年（民87年）10月
2　刷／1999年（民88年）1月

定價/180元

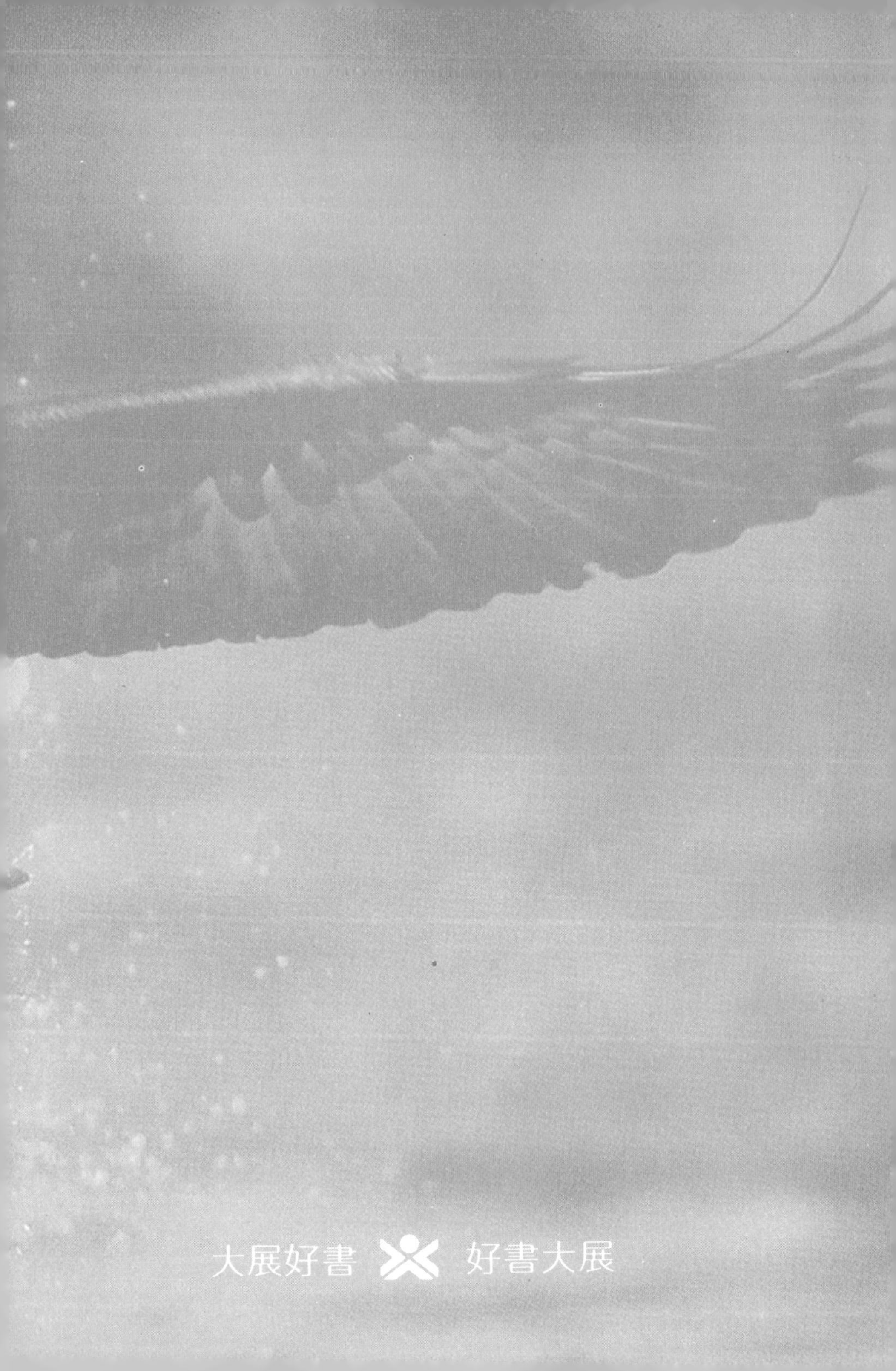
大展好書 好書大展